Les magistrats ouest-allemands font l'histoire

La *Zentrale Stelle* de Ludwigsburg

Chemins de la Mémoire

Fondée par Alain Forest, cette collection est consacrée à la publication de travaux de recherche, essentiellement universitaires, dans le domaine de l'histoire en général.

Relancée en 2011, elle se décline désormais par séries (chronologiques, thématiques en fonction d'approches disciplinaires spécifiques). Depuis 2013, cette collection centrée sur l'espace européen s'ouvre à d'autres aires géographiques.

Derniers titres parus :

FONTAINE (Olivier), *Défense et défenseurs de l'île Bourbon, 1665-1810,* 2014.
BECIROVIC (Bogdan), *L'image du maréchal Tito en France, 1945-1980,* 2014.
LE BARS (Loïc), *Les professeurs de silence. Maîtres d'études, maîtres répétiteurs et répétiteurs au XIXe siècle,* 2014.
LAGARDERE (Vincent), *Le Commerce fluvial à Mont-de-Marsan du XVIIe au XVIIIe siècle, Le quartier du port, tome II,* 2014.
BOUYER (Mathias), *La principauté barroise (1301-1420). L'émergence d'un État dans l'espace lorrain,* 2014.
BOWD (Gavin), *La vie culturelle de la France occupée (1914-1918),* 2014.
WARLIN (Jean-Fred), J. –P. *Tercier, l'éminence grise de Louis XV. Un conseiller de l'ombre au siècle des lumières,* 2014
MARC (Sandra), *Les juifs de Lacaune-les-Bains (Tarn) dans l'après-guerre,* 2014.
LOUIS (Abel A.), *Janvier Littée, Martiniquais premier député de couleur membre d'une assemblée parlementaire française (1752-1820),* 2013.
MARY (Sylvain), *Le gaullisme aux Antilles et en Guyane au temps de la IVe République*, 2013.

Ces dix derniers titres de la collection sont classés par ordre chronologique en commençant par le plus récent.
La liste complète des parutions,
avec une courte présentation du contenu des ouvrages, peut être consultée sur le site www.harmattan.fr

Sila Cehreli

Les magistrats ouest-allemands font l'histoire

La *Zentrale Stelle* de Ludwigsburg

L'Harmattan

Du même auteur

Cehreli Sila, *Témoignage du Khurbn. La résistance juive dans les centres de mise à mort – Chełmno, Bełżec, Sobibór, Treblinka,* Paris, Éditions Kimé, 2013, 355 p.

5-7, rue de l'École-Polytechnique ; 75005 Paris
http://www.harmattan.fr
diffusion.harmattan@wanadoo.fr
harmattan1@wanadoo.fr
ISBN : 978-2-343-03466-9
EAN : 9782343034669

À la mémoire de Dietrich Zeug (avril 1930-juillet 1997)

en dan denk ik aan Brabant,
want daar brandt nog licht[1].

En guise d'introduction

Ce livre aurait dû être écrit tout à fait différemment. S'il a pris la forme actuelle, cela est dû, en grande partie, aux sources auxquelles j'ai pu avoir accès lors d'un séjour de cinq mois en Allemagne, celles-ci ayant, en fin de compte, orienté le cheminement de la rédaction du manuscrit.

Mon objectif initial était, cependant, de préparer un travail approfondi sur l'histoire et l'équipe de la *Zentrale Stelle* de Ludwigsburg[2] : une institution judiciaire ouest-allemande fondée en 1958, en vue d'instruire dans la République fédérale les enquêtes préliminaires sur les crimes nationaux-socialistes. Approchant aujourd'hui de la fin de sa mission judiciaire, cette institution se trouve être déjà depuis plus d'une décennie, le centre d'intérêt de différentes initiatives civique, archivistique, pédagogique et historienne. Ces initiatives ont entamé une réflexion sur l'héritage et le devenir de la vaste documentation accumulée, tout au long d'un travail de plus de cinquante

---

[1] « Et alors je pense à Brabant, car là est encore allumée la lumière. » *Brabant* : chanson populaire néerlandaise de Guus Meeuwis.

[2] Le nom allemand exact de l'institution est *Die Zentrale Stelle der Landesjustizverwaltungen zur Aufklarung nationalsozialistischer Verbrechen in Ludwigsburg* (Office central des administrations de la justice du *Land* pour l'élucidation des crimes nationaux-socialistes de Ludwigsburg). Nous utiliserons toutefois dans le texte la formule abrégée de *Zentrale Stelle* de Ludwigsburg.

années, au siège de la *Zentrale Stelle* situé au 58-rue Schorndorfer à Ludwigsburg.

J'ai pris connaissance de cette documentation alors que je préparais une thèse de doctorat à l'Université Paris I Panthéon-Sorbonne sur l'histoire des centres de mise à mort de Chełmno, Bełżec, Sobibór et Treblinka : quatre sites construits sous l'autorité du IIIe Reich dans les territoires occupés de la Pologne, en vue d'un seul et unique objectif, tuer massivement des êtres humains. Si l'on excepte les travaux pionniers de Shmuel Krakowski[3] et de Yitzhak Arad[4], deux survivants-historiens israéliens, la riche historiographie de la Shoah a accordé fort peu de place à ces camps. Certains travaux sont même allés jusqu'à insinuer le caractère a-historique [5], voire impossible d'une tentative d'étude qui porterait sur ce sujet précis. J'avais donc déposé mon sujet de thèse, ma démarche s'inscrivant à l'encontre de ce courant répandu de l'historiographie de la Shoah. Je m'étais toutefois réservée la possibilité de modifier le sujet au cas où l'argument lapidaire suggérant " qu'il n'y aurait, de toute façon, aucune trace de Chełmno, Bełżec, Sobibór et Treblinka " se verrait confirmé.

En décembre 2003, lors de mon tout premier séjour à Ludwigsburg, je m'attendais aussi à trouver, dans le Bureau externe du *Bundesarchiv* - instauré depuis avril 2000 en tant qu'établissement distinct dans le même

---

[3] Krakowski Shmuel, *Das Todeslager Chełmno / Kulmhof. Der Beginn der « Endlösung »* (Le camp de la mort de Chełmno / Kulmhof. Le début de la « Solution finale »), Göttingen, Wallstein, 2007, 236 p.

[4] Arad Yitzhak, *Belzec, Sobibor, Treblinka. The Operation Reinhard Death Camps*, Bloomington, Indiana University Press, 1987, 437 p.

[5] Voir, à titre d'exemple, Dawidowicz Lucy, *The War Against the Jews 1933-1945*, New York, Holt, Rinehart & Winston, 1975, p. xvii.

bâtiment que la *Zentrale Stelle* - quelques témoignages seulement de rescapés de centres de mise à mort, comme cela avait été auparavant le cas au courant de mes recherches au Centre de documentation juive contemporaine à Paris, au *Bundesarchiv* [6] de Berlin-Lichterfelde et au *United States Holocaust Memorial Museum* à Washington DC. Mon séjour en Pologne qui avait précédé celui de Ludwigsburg et qui avait inclus une visite des sites mémoriels des six camps de la mort n'avait pas vraiment, non plus, dérogé à cette règle.

Je fus, cependant, confrontée à une toute autre situation à la *Zentrale Stelle*. Dès le premier jour de ma visite au *Bundesarchiv* de Ludwigsburg, je me suis rendue compte, qu'en réalité, je me trouvais au tout début d'un long travail d'archives. Il était aussi clair qu'ayant choisi de consacrer mes études de 3ème cycle à l'histoire de la Shoah, j'allais devoir souvent revenir au 58-rue Schorndorfer.

Ludwigsburg est, en effet, un lieu de rencontre privilégié des historiens de la Seconde Guerre mondiale, en général, et du génocide des Juifs, en particulier, un lieu où tous ces historiens peuvent discuter, lors d'une brève pause-café, de leurs travaux en voie de gestation. Les auteurs de livres qui ont suscité des débats historiographiques retentissants - tels que celui des " hommes ordinaires[7] " *versus* les " bourreaux volontaires de Hitler[8] " ou encore celui de la " Shoah par balles[9] " -

---

[6] C'est le nom des archives fédérales en Allemagne.

[7] Browning Christopher R., *Des hommes ordinaires. Le 101e bataillon de réserve de la police allemande et la solution finale en Pologne*, Paris, Les Belles Lettres, 1994, 284 p.

[8] Goldhagen Daniel Jonah, *Hitler's Willing Executioners. Ordinary Germans and the Holocaust*, Londres, Abacus, 1996, 634 p.

sont effectivement passés par la *Zentrale Stelle*. En ce qui me concerne, ces échanges revêtaient une grande importance, parce que je préparais ma thèse de doctorat en France où les travaux sur la Shoah privilégiaient – à quelques exceptions près – les problématiques de l'ordre de la mémoire et non pas de l'histoire factuelle.

Au fur et à mesure que mon étude sur les camps de Chełmno, Bełżec, Sobibór et Treblinka avançait, je découvrais aussi, dans les documents que je consultais, des informations intéressantes sur le déroulement des enquêtes préliminaires de la *Zentrale Stelle*. En particulier, le nom de Dietrich Zeug apparaissait souvent dans les nombreux rapports et notes qui étaient rédigés pour les dossiers judiciaires : une documentation exposant clairement les difficultés rencontrées par l'équipe de Ludwigsburg dans son travail de justice qui n'a pas été toujours soutenu par l'administration et la société ouest-allemandes.

Ainsi, l'idée d'un projet de livre qui porterait, essentiellement, sur les enquêtes préliminaires concernant les centres de mise à mort et incluant, par ailleurs, une biographie de Dietrich Zeug, le procureur qui a mené à bien ce travail difficile, est-elle née. L'idée initiale a ensuite évolué pour prendre finalement la forme d'un projet centré sur l'histoire de la *Zentrale Stelle* en général. L'étude en question devait reposer, avant tout, sur un examen minutieux des archives institutionnelles de cet établissement : une documentation qui est encore aujourd'hui conservée par la *Zentrale Stelle* et qui ne sera transférée au Bureau externe du *Bundesarchiv* de

---

[9] Desbois Patrick, *Porteur de mémoires. Sur les traces de la Shoah par balles*, Paris, Michel Lafon, 2007, 329 p.

Ludwigsburg qu'à la dissolution définitive de l'institution [10]. Afin de compléter les données ainsi recueillies dans les archives institutionnelles, que l'on appelle *Generalakten* (Dossiers généraux), j'avais également envisagé de conduire des entretiens avec les anciens membres et les fonctionnaires actuels de l'équipe de Ludwigsburg. Le Dr. Andreas Kunz, le second directeur du Bureau externe du *Bundesarchiv* de Ludwigsburg, tout comme le Dr. Joachim Riedel, le directeur adjoint de la *Zentrale Stelle* de 2002 à 2009, furent mes premiers interlocuteurs qui ont apporté leur soutien à ce projet, alors qu'il n'était encore qu'à l'état d'esquisse incertaine.

Mon intention de travailler à la réalisation d'une étude sur la *Zentrale Stelle* a pris réellement forme, cependant, un peu plus tard que prévu. Une bourse de recherche, de courte durée, du DAAD [11] m'a permise, entre le mois d'août et de septembre 2010, de prendre connaissance de la documentation relative à l'institution judiciaire qui avait été déjà transmise au Bureau externe du *Bundesarchiv* de Ludwigsburg. Celle-ci comprenait, notamment, les lettres adressées à la *Zentrale Stelle* par la population allemande, les procès-verbaux des journées d'études organisées chaque année entre les magistrats

---

[10] Cf. l'Accord pour la prise en charge, par le *Bundesarchiv,* des documents de l'Office central des administrations de la Justice du *Land* pour l'élucidation des crimes nationaux-socialistes à Ludwigsburg, 3 p. [ZSL, Dossiers généraux, Classeur 41-1, Instauration et compétence de la *Zentrale Stelle,* Volume II.] Cet accord est entré en vigueur, le 1er janvier 2000, suite à la réception par le Ministère de la Justice du Bade-Wurtemberg du texte de l'accord signé par toutes les parties au contrat.

[11] *Deutscher Akademischer Austausch Dienst* (Service d'échange académique allemand.)

ouest-allemands chargés en particulier de la poursuite judiciaire des crimes nationaux-socialistes, ainsi que les textes de communication préparés par les membres de l'équipe de Ludwigsburg : ceux-ci pouvant porter sur des problématiques à la fois juridiques et historiennes. Le *Bundesarchiv* de Ludwigsburg détient également quelques dossiers[12] qui avaient été préparés pour les nouveaux membres rejoignant la *Zentrale Stelle*. Ceux-ci présentaient à ces magistrats, qui venaient d'arriver à Ludwigsburg, l'établissement, sa méthode de travail et le contexte historique dans lequel les crimes qui faisaient l'objet d'enquêtes diligentées par l'équipe, avaient été perpétrés.

Comme je l'ai déjà mentionné, les archives qui allaient effectivement contribuer à la réalisation de mon projet se trouvaient, cependant, à la *Zentrale Stelle*. J'ai effectué, par conséquent, de novembre 2010 à janvier 2011, un second séjour de recherche à Ludwigsburg grâce à une bourse d'enseignement qui m'avait été attribuée dans le cadre du Programme Maclands[13].

L'accès aux dossiers généraux m'avait été alors accordé par le procureur de la République Kurt Schrimm, le directeur actuel de la *Zentrale Stelle*, à la condition expresse qu'un magistrat se déclare prêt à superviser mon accueil dans les locaux de l'institution judiciaire. Ce fut Thomas Will, procureur et directeur adjoint, qui a bien voulu accepter de s'en charger en sus de ses tâches

---

[12] Voir, par exemple, le mémorandum qui décrit le travail actuel et futur de l'Office central des administrations de la Justice du *Land* pour l'élucidation des crimes nationaux-socialistes, document annexe au rapport d'activité du 1er juillet 1970 qui a été rédigé par Adalbert Rückerl. [BArch, B 162 / 5595, 73 folios.]

[13] *Erasmus Mundus Master of Cultural Landscapes*, un programme de 3ème cycle commun aux Universités de Stuttgart, Naples et Saint-Étienne.

judiciaires et administratives. Conformément aux règles régissant l'accès aux dossiers généraux pour les tierces personnes, il a pris alors le temps de procéder à un examen préalable de ces dossiers qui m'ont été, par la suite, communiqués par Karl-Heinz Weisshaupt et, en l'absence de celui-ci, par Ruth Hanußek, respectivement, directeur administratif et fonctionnaire de la Justice de la *Zentrale Stelle*. Là encore, cela a constitué, pour eux, un travail supplémentaire qu'ils ont néanmoins accompli avec la plus grande des bienveillances. Je profite de l'occasion, d'ailleurs, ici, de les remercier tous, en espérant qu'ils considéreront mes quelques critiques concernant la communication des dossiers généraux aux visiteurs de l'institution comme le point de vue d'une historienne pour laquelle les archives revêtent une importance d'ordre capital.

S'il ne m'a pas été possible de consulter les dossiers administratifs des anciens membres de la *Zentrale Stelle*, j'ai découvert, en revanche, une vaste documentation comprenant diverses catégories de correspondances, de rapports, de procès-verbaux de réunions et de notes explicatives rédigées pour différents dossiers[14]. Cette documentation exposait clairement l'évolution progressive de la signification de la mission exclusivement judiciaire de la *Zentrale Stelle*. En même temps, elle exposait les premiers contacts de l'institution avec les différentes initiatives –civique, archivistique, pédagogique, historienne – qui avaient commencé à gérer son héritage à la fois documentaire et symbolique. Cette lecture m'a alors conduite à revoir la problématique

[14] Pour une brève présentation des sources utilisées dans la rédaction de ce livre, se rendre à la page 210.

centrale de mon étude qui s'est, finalement, centrée sur le rapport particulier que la *Zentrale Stelle* entretient avec l'histoire et les historiens. Autrement dit, les dix chapitres qui composent cet ouvrage tenteront de répondre à la question suivante : la *Zentrale Stelle* qui a noué un lien privilégié avec l'histoire dès le début de son activité judiciaire et tout au long de son existence de plus de cinq décennies, accorde-t-elle, aujourd'hui, une place suffisante à la dimension historienne dans la gestion de son héritage documentaire et symbolique ?

La rédaction de ce travail n'aurait guère été possible sans le soutien et l'encouragement que m'ont prodiguée plusieurs collègues et amis. Le fait de pouvoir leur témoigner, ici, de ma reconnaissance, est un grand bonheur pour moi.

Je voudrais commencer par exprimer ma gratitude au Professeur Wolfram Pyta de l'Université de Stuttgart pour m'avoir guidée et soutenue dans mes recherches postdoctorales en Allemagne. Ce livre doit beaucoup à nos discussions auxquelles il a bien voulu accorder de son temps, malgré un agenda chargé.

L'équipe du Bureau externe du *Bundesarchiv* de Ludwigsburg, sous la direction du Dr. Tobias Herrmann, occupe une place tout particulière dans cette partie du livre, pour l'accueil cordial et hautement professionnel qu'elle réserve à tous ses visiteurs, sans distinction aucune. À l'occasion, je tiens à remercier aussi Sidar Toptancı et Rainer Juchheim pour l'aide qu'ils m'ont apportée lors de mes nombreux séjours au *Bundesarchiv*.

Sidar Toptancı, un archiviste de l'équipe de Ludwigsburg, m'a assurée, non seulement, un soutien documentaire professionnel et efficace permanent tout au long de ma recherche dans les locaux du Bureau externe, lui et son épouse Esra, sans oublier leurs enfants Robin et Lorin, m'ont toujours donnée le sentiment d'être chez moi à Ludwigsburg. *Ji bo wî gelek spas dikim*[15] !

Mes remerciements vont aussi à Gertraud Braun et à Hedi Schwoebel, ainsi qu'à toute l'équipe du *Café Ennui* où j'ai travaillé toutes les après-midi de mon séjour de cinq mois à Ludwigsburg, devant une *Latte Macchiatto,* sur les premières ébauches de ce livre.

Comme toujours, mon texte est passé par la relecture critique de Jean-François Forges, historien français spécialiste d'Auschwitz-Birkenau qui, cette fois, a bien voulu revoir un travail portant sur l'Allemagne contemporaine.

À l'époque où je m'apprêtais à partir en Allemagne, j'étais encore une assistante de recherche, en charge de l'exécution de plusieurs tâches administratives. Mon départ a coïncidé, de surcroît, avec une période difficile au département. C'est pourquoi, il me tient particulièrement à cœur de remercier l'équipe des assistants du Département francophone de Sciences politiques et administratives de l'Université de Marmara, et, en particulier, mes amis et collègues Ebru Bulut et Hakan Arıdemir, pour leur soutien amical.

Je voudrais, également, remercier les " *Tarabiennes* et *Tarabiens*[16] " qui ont suivi les cours d'Histoire politique (printemps 2011) et de Droits de l'homme (automne 2011)

---

[15] Expression en kurmandji / kurde qui signifie : " je vous remercie beaucoup pour cela "

[16] Mot inventé et utilisé par les étudiants du Département francophone de Sciences politiques et administratives de l'Université de Marmara, dont le campus se trouvait jusqu'en septembre 2012 à Tarabya, un district d'Istanbul situé sur la côte européenne de la ville.

pour avoir partagé avec moi mon enthousiasme concernant mes projets sur le " modèle de Ludwigsburg ". Merci beaucoup encore une fois pour votre participation !

Comme toujours, mes parents et ma sœur Beliz m'ont encouragée, tout au long du processus d'élaboration de ce livre, depuis la recherche jusqu'à la rédaction. Leur soutien m'est d'une valeur inestimable. *İyi ki varsınız*[17] !

Enfin, je souhaiterais exprimer ma reconnaissance à Peter et Andreas Zeug pour avoir accepté de répondre à mes questions sur Dietrich Zeug, le magistrat de la *Zentrale Stelle* qui a conduit les enquêtes préliminaires sur les crimes perpétrés dans les centres de mise à mort nazis. Ce livre est dédié, en premier lieu, à leur père ; c'est grâce à son travail que je n'ai pas été obligée de modifier mon sujet de thèse.

Istanbul,
décembre 2011

---

[17] Une expression turque qui peut se traduire par « merci pour votre présence ».

Chapitre 1

La mise en place d'une institution judiciaire " temporaire "

L'histoire – officielle - de la *Zentrale Stelle* commence au lendemain de l'arrêt rendu, le 29 août 1958, au Procès du *Einsatzkommando* Tilsit [18] devant la Cour d'assises d'Ulm contre Bernhard Fischer-Schweder[19] et neuf autres accusés[20]. Déjà, une correspondance, échangée à la fin du mois d'août 1958, entre un magistrat de Stuttgart et son collègue de Karlsruhe, évoquait la déposition de nouvelles plaintes grâce aux données recueillies durant ce procès. Celle-ci insistait aussi sur la nécessité de fonder un établissement central d'enquêtes préliminaires qui

---

[18] L'*Einsatzkommando* Tilsit avait exécuté, en 1941, par fusillades systématiques, la population juive dans différentes localités situées à proximité de la frontière germano-lituanienne.

[19] Bernhard Fischer-Schweder, un ancien *SS-Oberführer*, a exercé en 1941 la fonction de directeur de la police de Memel dans le cadre de l'Opération Barbarossa, l'invasion de l'Union soviétique. Il dirigea après la guerre, sous une fausse identité, un camp de réfugiés près d'Ulm. Il est connu pour avoir intenté un procès afin d'être réintégré dans la fonction publique, bien que son implication dans la politique génocidaire sous le régime national-socialiste ait été établie. Ce fut à l'occasion de la parution d'un article de presse mentionnant ce procès qu'un lecteur reconnut Bernhard Fischer-Schweder et déposa une plainte contre lui, à la suite de quoi, il fut arrêté en 1956. Voir, sur ce sujet, Rückerl Adalbert, *NS-Verbrechen vor Gericht. Versuch einer Vergangenheitsbewältigung* (Les crimes nationaux-socialistes devant le Tribunal. Tentative d'une confrontation au passé), Heidelberg, C.F. Müller Verlag, 1982, p. 140.

[20] Lettre adressée, le 5 septembre 1958, par le Ministère de la Justice du Bade-Wurtemberg au Ministère de la Justice de la Rhénanie-du-Nord-Westphalie. [Dossiers généraux, Classeur 41-1, Instauration et compétence de la *Zentrale Stelle*, Volume 1.]

serait chargé d'examiner spécifiquement les crimes nationaux-socialistes[21]. Quelques semaines plus tard, une autre lettre attestait clairement du soutien manifesté par le magistrat de Karlsruhe à cette idée précise. De peur de heurter la sensibilité de certains *Länder* (États fédérés), celui-ci a préféré, néanmoins, attendre le moment propice pour exprimer publiquement ce soutien[22]. L'ensemble de cette correspondance inclut, par ailleurs, un brouillon de quatre pages esquissant les grandes lignes de la future instance judiciaire[23]. Cette première ébauche, qui figure dans les Dossiers généraux de la *Zentrale Stelle*, ressemble, à quelques exceptions près[24], au statut administratif final qui a été adopté, pour l'institution judiciaire, le 6 novembre 1958, par les ministres de la Justice des *Länder*. Il s'agit de l'accord administratif portant instauration d'une *Zentrale Stelle*, un texte qui avait été soumis aux administrations de la Justice des *Länder* pour approbation jusqu'au 30 novembre 1958[25].

---

[21] Lettre adressée, le 21 août 1958, par le parquet près du Tribunal régional supérieur de Stuttgart au procureur général de la République près de la Cour suprême fédérale à Karlsruhe. [ZSL, Dossiers généraux, Classeur 41-1, Instauration, compétence et dissolution de la Zentrale Stelle, Volume III.]

[22] Lettre adressée, le 12 septembre 1958, par le procureur général de la République près de la Cour suprême fédérale de Karlsruhe au procureur général près du Tribunal régional supérieur de Stuttgart. [ZSL, Dossiers généraux, Classeur 41-1, Instauration, compétence et dissolution de la *Zentrale Stelle*, Volume III.]

[23] Voir le document intitulé *Zentrale Ermittlungsstelle* (Un bureau central d'enquête judiciaire), 4 p ; désormais l'ébauche de projet de 1958. [ZSL, Dossiers généraux, Classeur 41-1, Instauration, compétence et dissolution de la *Zentrale Stelle*, Volume III.]

[24] Voir ultérieurement dans ce même chapitre.

[25] Écrit adressé, le 22 novembre 1958, par le Ministère de la Justice du Bade-Wurtemberg au Ministère d'État du Bade-Wurtemberg, 2 p.

Nous retrouvons aussi dans la plupart des travaux constituant l'historiographie émergeante de cette institution judiciaire, l'argument selon lequel la justice ouest-allemande aurait réellement pris conscience, à partir du Procès emblématique d'Ulm, de l'existence de graves crimes impunis qui avaient été perpétrés sous l'autorité du IIIe Reich en Europe de l'Est[26]. Les juristes ont repris ensuite cet argument dans les discours qu'ils ont prononcés à différentes occasions, que ce soit lors de conférences ou de cérémonies d'anniversaire de la *Zentrale Stelle*[27].

À l'encontre de l'historiographie de la Shoah qui a mis en avant la complicité, ou du moins le silence, de la population allemande face aux atrocités du IIIe Reich, Erwin Schüle ne manqua pas, non plus, de souligner que cette institution judiciaire n'avait pas été créée en raison

---

[ZSL, Dossiers généraux, Classeur 41-1, Instauration et compétence de la *Zentrale Stelle*, Volume I.] Ce document, qui a été signé par le Dr. Wolfgang Haußmann, incluait une ébauche de l'accord administratif portant instauration d'une *Zentrale Stelle* ; désormais l'ébauche du projet d'accord administratif.

[26]À titre d'exemple, se reporter à Streim Alfred, « Der Umgang mit der Vergangenheit am Bespiel der Zentralen Stelle der Landesjustizverwaltungen zur Aufklärung nationalsozialistischer Verbrechen in Ludwigsburg (L'approche du passé à travers l'exemple de l'Office central des administrations de la justice du *Land* pour l'élucidation des crimes nationaux-socialistes à Ludwigsburg) » in Schnabel Thomas (dir.), *Formen des Widerstandes im Südwesten 1933-1945. Scheitern und Nachwirken* (Des formes de résistance dans le Sud-Ouest 1933-1945. L'échec et l'impact), Ulm, Süddeutsche Verlagsgesellschaft, 1994, p. 322.

[27] Cf. notamment, l'allocution pour l'ouverture du symposium international prononcée par le Dr. Heinz Eyrich au nom du Ministère pour la Justice, des Affaires du *Bund* et d'Europe du Bade-Wurtemberg. [ZSL, Dossiers généraux, Classeur 41-90, Les 30 ans d'existence de la *Zentrale Stelle* de Ludwigsburg, Volume 1.]

des pressions internationales qui auraient pesé en ce sens sur la République fédérale. À la suite de la découverte de ces crimes impunis, la justice ouest-allemande aurait tenté, selon ce procureur, non seulement, de poursuivre les suspects, mais elle aurait, également, entrepris d'informer le peuple allemand des atrocités nazies commises dans les territoires occupés de la Pologne et de l'Union soviétique[28].

Gerhard Pauli a insisté, en revanche, sur le fait que le Procès d'Ulm fut le produit d'une justice du hasard. Le dossier en question était passé entre les mains d'Erich Nellmann, procureur général de Stuttgart, qui a agi de sorte que le cas de l'*Einsatzkommando* Tilsit soit minutieusement examiné par le Ministère de la Justice du Bade-Wurtemberg. Gerhard Pauli a, cependant, aussi souligné la contribution du Procès d'Ulm à la diffusion dans la société ouest-allemande, d'informations précises sur les crimes de nature génocidaire qui avaient été perpétrés par cette unité mobile de tueurs[29].

À la suite de ce procès suivi avec un grand intérêt par la presse ouest-allemande, Erich Nellmann a pris

[28] Voir, de même, Schüle Erwin, « 20 Jahre nach der Wannsee-Konferenz. Die Durchführung der Endlösung und ihre strafrechtlichen Sühne (20 ans après la Conférence de Wannsee. L'exécution de la « Solution finale » et son expiation pénale) », communication présentée à la Conférence de l'Académie évangélique à Berlin, les 19-22 janvier 1962, folios 27 et 33. [BArch, B 162 / 88, 40 folios.]

[29] Cf. Pauli Gerhard, « Die Zentrale Stelle der Landesjustizverwaltungen zur Verfolgung nationalsozialistischer Gewaltverbrechen in Ludwigsburg – Entstehung und Frühe Praxis (L'Office central des administrations de la Justice du *Land* pour la poursuite des crimes nationaux-socialistes à Ludwigsburg – Genèse et première pratique) » in *Juristische Zeitgeschichte Nordrhein-Westfalen*, volume 9, 2001, pp. 46-47.

l'initiative de présenter, en septembre 1958, dans la *Stuttgarter Zeitung*, un projet réunissant des juristes et policiers au sein d'une même institution centrale qui enquêterait sur les crimes nationaux-socialistes. Sur cette proposition, le Ministère de la Justice du Bade-Wurtemberg prépara une esquisse de projet qui servit de base aux discussions, qui se tinrent en octobre 1958, au cours de la Conférence des Ministres de la Justice des *Länder* à Bad Harzburg[30].

La mise en place d'une telle institution n'était certes pas, pour reprendre l'expression de Gerhard Pauli, " une affaire qui tenait au cœur " des magistrats ouest-allemands de l'époque. Elle a d'ailleurs vu le jour sur l'engagement décidé de quelques ministères de la Justice, dont celui de Wolfgang Haußmann dans l'État du Bade-Wurtemberg et à cause des pressions politiques externes exercées sur la République fédérale. Toujours selon Gerhard Pauli, la fondation de la *Zentrale Stelle* aurait été acceptée, en fin de compte, par l'Allemagne de l'Ouest, parce que l'établissement en question devait connaître, de toute façon, une brève existence en raison de l'approche de la date limite de la prescription des crimes nationaux-socialistes[31]. En effet,

« [p]ersonne ne devina au début du travail de la *Zentrale Stelle* quelle avalanche y avait été déclenchée[32]. »

---

[30] Greve Michael, *Der justitielle und rechtspolitische Umgang mit den NS-Gewaltverbrechen in den sechziger Jahren* (L'approche judiciaire et juridico-politique des crimes nationaux-socialistes dans les années 60), Francfort-sur-le-Main, Peter Lang-Europäischer Verlag der Wissenschaften, 2001, p. 49.

[31] Cf. l'article déjà cité de Gerhard Pauli, p. 61.

[32] *Idem*.

La *Zentrale Stelle* a été créée, le 6 novembre 1958, par les ministres et sénateurs de la Justice des différents *Länder*. Une première lettre, adressée le 4 décembre 1958 fort probablement par Erwin Schüle au Ministère de la Justice du Bade-Wurtemberg, rapporta toutefois que l'institution judiciaire avait entamé son travail le 1er décembre [33] avec une équipe composée de quatre membres seulement : Erwin Schüle lui-même, un fonctionnaire de la justice qui s'appelait Raimund Zack, ainsi que Gertrud Ronge et Maria Theml, embauchées en tant que dactylos[34]. La nouvelle instance judiciaire avait été établie dans le bâtiment administratif de la prison régionale de Ludwigsburg au 28-rue Schorndorfer[35].

L'Allemagne étant un État fédéral et la souveraineté judiciaire appartenant aux différents *Länder* qui le composent, la création de la nouvelle institution a été, tout naturellement, le fruit d'une initiative commune des

---

[33] Vers la mi-décembre 1958, quelques administrations de la Justice du *Land* n'avaient pas encore adressé à Stuttgart leur approbation écrite de l'accord administratif. Les Ministres en question ayant toutefois manifesté leur accord oral au cours d'une conférence, le Ministère de la Justice du Bade-Wurtemberg se préparait désormais à informer les établissements de la Justice de la République fédérale de la fondation effective de la *Zentrale Stelle*. Cf. la lettre adressée, le 12 décembre 1958, par le Ministère de la Justice du Bade-Wurtemberg à la *Zentrale Stelle* de Ludwigsburg. [ZSL, Dossiers généraux, Classeur 41-1, Instauration et compétence de la *Zentrale Stelle*, Volume I.]

[34] Lettre adressée, le 4 décembre 1958, par la *Zentrale Stelle* de Ludwigsburg au Ministère de la Justice du Bade-Wurtemberg. [ZSL, Dossiers généraux, Classeur 41-1, Instauration et compétence de la *Zentrale Stelle*, Volume I.]

[35] Cf. le rapport d'activité signé, le 14 mai 1959, par Erwin Schüle, sur l'activité de la *Zentrale Stelle* de Ludwigsburg pour la période du 1.12.1958 au 1.6.1959, 18 p. [ZSL, Dossiers généraux, Classeur 1-3, Rapports d'activité, Volume 1.]

ministres fédérés de la Justice[36]. En termes plus précis, il n'avait pas été question d'installer un parquet, mais plutôt de fonder un établissement en charge de l'instruction des enquêtes judiciaires préliminaires de crimes de masse nationaux-socialistes : ce qui a été considéré, par la suite, comme une " malformation congénitale [37] ", selon les dires de plusieurs anciens magistrats qui avaient fait partie de l'équipe de Ludwigsburg. La décision de poursuivre la procédure par des inculpations relevait, par conséquent, de la seule prérogative des parquets, dont dépendait juridiquement l'accusé principal d'un crime national-socialiste [38] . Conscient de cet inconvénient, Wolfram Wiesemann a estimé que l'idéal aurait été d'affecter le procureur, qui avait conduit les enquêtes préliminaires, au parquet compétent afin qu'il puisse diligenter l'instruction de l'affaire jusqu'à l'inculpation. Cette mission, si les textes la leur avaient confiée, aurait, selon W. Wiesemann, fortement intéressé les membres de l'équipe de Ludwigsburg. À l'usage, il se révélait, toutefois, totalement, inenvisageable de procéder ainsi, en raison

[36] Voir l'article déjà cité d'Erwin Schüle, folio 27.

[37] Cf. à titre d'exemple, l'interview de Volker Eckhardt réalisée à Düsseldorf, le 12 novembre 2002, par Marc von Miquel, folio 145. Interviews des anciens employés de la *Zentrale Stelle* de Ludwigsburg : rapport final et documentation, août 2003, folio 136. [BArch, B 162 / 61, 367 folios.] Volker Eckhardt a travaillé à la *Zentrale Stelle* de 1968 à 1971 sur les crimes perpétrés en France, en Belgique et en Biélorussie.

[38] En cas de doute sur le parquet compétent, le dossier était transféré par la *Zentrale Stelle* au procureur général de la République qui devait alors trancher. Cf. le paragraphe 3 de la section III de l'ébauche du projet d'accord administratif.

même de la faiblesse en effectifs du personnel judiciaire[39]. Toujours sur ce même sujet, soulignons que l'ébauche du projet de 1958 prévoyait aussi d'autoriser le magistrat qui avait conduit une enquête préliminaire à Ludwigsburg de poursuivre la procédure à la condition que le dossier ait été envoyé au parquet de son *Land* d'origine. Dans ce même projet, il était prévu d'accorder au parquet, qui était en charge de l'examen d'une affaire pénale concernant un crime national-socialiste, la possibilité de faire appel au magistrat de Ludwigsburg qui avait préalablement dirigé l'instruction préliminaire, voire de l'associer à la préparation du procès[40]. L'idée n'a toutefois pas été retenue, non plus, par la suite, dans la version finale de l'accord administratif.

La tâche de la *Zentrale Stelle* consistait donc à assurer la coordination des enquêtes préliminaires menées sur les crimes nationaux-socialistes. À cet effet, l'institution judiciaire devait rassembler tous les documents accessibles dans la République fédérale et à l'étranger, afin de procéder à leur examen attentif. Le magistrat, chargé d'une affaire, était ensuite tenu de constituer un dossier d'enquête préliminaire, dans lequel le lieu, la date et les exécuteurs du crime de masse en question, seraient déterminés. Ce faisant, il devait retrouver les suspects qui pouvaient encore faire l'objet d'une procédure pénale

---

[39] Cf. l'interview de Wolfram Wiesemann réalisée à Wiesbaden, le 29 novembre 2002, par Marc von Miquel, dossier déjà cité, folio 356. W. Wiesemann a travaillé à la *Zentrale Stelle*, de 1966 à 1970, sur le Wartheland, ainsi que sur la « Solution finale » en Hongrie, en Roumanie, en Bulgarie et en Italie, puis de 1970 à 1973, il a été chargé de répondre aux correspondances contenant des questions d'ordre général.

[40] Cf. l'ébauche du projet de 1958.

dans la République fédérale[41]. Autrement dit, la *Zentrale Stelle* fut compétente, dès sa fondation, pour conduire toute investigation préliminaire sur des crimes nationaux-socialistes qui avaient été perpétrés contre des civils en dehors des frontières de la République fédérale d'Allemagne[42]. Ce qui signifiait, par conséquent, que son champ d'action s'étendait à la politique génocidaire nazie et aux crimes contre l'humanité commis par les membres des *Einsatzgruppen* et par le personnel qui avait été présent tant dans les centres de mise à mort que dans les camps de concentration.

Outre sa mission judiciaire, la *Zentrale Stelle* remplissait une autre fonction qui a sans aucun doute contribué à la rendre davantage impopulaire aux yeux de la société ouest-allemande. L'équipe de Ludwigsburg devait également communiquer aux divers établissements publics des renseignements concernant les états de service des fonctionnaires qui exerçaient en leur sein. Il pouvait, par exemple, s'agir d'informations relatives à une implication du fonctionnaire en question dans la politique criminelle nationale-socialiste, celles-ci étant alors susceptibles d'affecter sa promotion ou encore ses droits à la retraite[43].

Au fur et à mesure que le travail de la *Zentrale Stelle* avançait, une documentation importante commençait à

---

[41] Cf. la section III de l'ébauche du projet d'accord administratif. Voir, de même, le statut organisationnel de la *Zentrale Stelle* de Ludwigsburg de 1958, un document qui accompagne l'écrit adressé, le 22 novembre 1958, par le Ministère de la Justice du Bade-Wurtemberg au Ministère d'État du Bade-Wurtemberg, 2 p.

[42] Cf. la section II de l'ébauche du projet d'accord administratif.

[43] Cf. le dossier contenant des informations sur la *Zentrale Stelle* et qui était diffusé auprès des nouveaux membres rejoignant l'équipe de Ludwigsburg. [BArch, B 162 / 20054, 85 pages.]

s'accumuler à Ludwigsburg. Des règles précises devaient être respectées par les magistrats dans la constitution de tout dossier relatif à un crime de masse national-socialiste. Ce dossier devait, avant tout, inclure des notes permettant aux magistrats non-spécialistes du sujet d'en comprendre facilement le contenu[44]. Il recevait ensuite la cote AR-Z, dès lors qu'il serait susceptible de déboucher sur une inculpation. Dans le cas inverse, le dossier serait affublé de la cote AR rassemblant - entre autres documents - les diverses correspondances adressées à la *Zentrale Stelle*[45].

Les crimes nationaux-socialistes commis à l'intérieur de la République d'Allemagne sont entrés dans le domaine de compétence de la *Zentrale Stelle* à partir du 11 décembre 1964. Les dossiers concernant le RSHA[46] et le Tribunal du Peuple en furent toutefois exclus ; ils furent placés sous la compétence du procureur général près du Tribunal régional supérieur de Berlin[47].

---

[44] *Ibid.*

[45] Voir l'extrait du document Bundesarchiv B 2 – 2526 / 1 concernant la visite du Dr. Büttner et de Bauer à la *Zentrale Stelle* de Ludwigsburg. [ZSL, Dossiers généraux, Classeur 41-1, Instauration et compétence de la *Zentrale Stelle*, Volume II.] Ce document porte la date du 23 janvier 1997.

[46] RSHA - *Reichssicherheitshauptamt* : Office central de la sécurité du *Reich*.

[47] Écrit adressé, le 24 mars 1965, par le Ministère de la Justice du Bade-Wurtemberg à toutes les administrations de la Justice du *Land* ; c'est-à-dire la Bavière, Berlin, Brême, Hambourg, la Hesse, la Basse-Saxe, la Rhénanie-du-Nord-Westphalie, la Rhénanie-Palatinat, la Sarre et le Schleswig-Holstein. [ZSL, Dossiers généraux, Classeur 41-1, Instauration et compétence de la *Zentrale Stelle*, Volume I.] Document signé par le Dr. Wolfgang Haußmann. Cet écrit inclut la nouvelle version de l'accord administratif portant instauration d'une *Zentrale Stelle*, 2 pages recto verso ; désormais l'accord administratif de 1965.

Les directives adoptées, par la suite, par les ministres et sénateurs de la Justice, respectivement, en avril 1965 et en janvier 1967, ont annoncé, contre toute attente, une période de réorganisation au sein de la *Zentrale Stelle*[48]. La période du milieu des années 60 a même été qualifiée par Marc von Miquel de " deuxième étape de fondation[49] " de l'institution. Celle-ci a aussi correspondu au déménagement de la *Zentrale Stelle* au 58-rue Schorndorfer ou, autrement dit, au rassemblement de tous les membres de la *Zentrale Stelle* sous un même toit[50], leurs bureaux ayant été jusqu'alors dispersés entre quatre ou cinq bâtiments à Ludwigsburg. Ces derniers étant éloignés les uns des autres d'une centaine de mètres, cela nuisait, effectivement, à l'efficacité du travail mené par l'institution. La réunion de l'ensemble de l'équipe de Ludwigsburg au 58-rue Schorndorfer avait été rendue

---

[48] L'institution judiciaire a connu un dernier changement important, le 14 juin 1994, lorsque les anciens *Länder* est-allemands – le Brandebourg, le Mecklembourg-Poméranie-Occidentale, la Saxe-Anhalt, la Thuringe et la Saxe – ont adopté, avec effet au 1er janvier 1995, l'accord administratif qui avait instauré la *Zentrale Stelle.* Voir l'ébauche du projet de l'accord pour la prise en charge, par le *Bundesarchiv*, des documents de l'Office central des administrations de la Justice du *Land* pour l'élucidation des crimes nationaux-socialistes à Ludwigsburg, 3 p. [ZSL, Dossiers généraux, Classeur 41-1, Instauration et compétence de la *Zentrale Stelle*, Volume II.] Ce document porte la date du 23 avril 1999.

[49] Voir le dossier déjà cité qui a été préparé par Marc von Miquel, folio 5.

[50] « Die Situation der Zentralen Stelle der Landesjustizverwaltungen (La situation de l'Office central des administrations de la justice du *Land*) », p. 111, communication du Dr. Heinz Artzt publiée dans le procès-verbal de la troisième journée d'étude des procureurs chargés dans la République fédérale de la poursuite judiciaire des crimes nationaux-socialistes, journée d'études organisée à Constance du 27 au 30 septembre 1966. [BArch, B 162 / 10, 304 p.]

possible par la construction d'une annexe au bâtiment qui avait abrité, jusqu'alors, un établissement de détention destiné aux femmes. La construction avait été, toutefois, retardée d'environ six mois faute de ressources financières suffisantes. Cela avait suscité, évidemment, des problèmes puisque le nouveau personnel de la *Zentrale Stelle* avait commencé à arriver dès la mi-1966 à Ludwigsburg[51]. Bernard Daenekas, un ancien policier de la Commission spéciale de la *Zentrale Stelle,* s'est notamment souvenu qu'au tout début de son affectation à cette institution judiciaire, on ne lui avait pas même attribué un bureau. C'est pourquoi, il avait dû, pendant quatorze jours, travailler tous les matins sur un banc situé dans le parc du château de Ludwigsburg, avant de pouvoir utiliser, les après-midi, le bureau d'une collègue qui travaillait à mi-temps[52].

D'autres facteurs, tels que l'absence de coopération des autorités de la République fédérale, attestent encore de ce que les débuts de la *Zentrale Stelle* dans la justice ouest-allemande furent plutôt difficiles. Même si une résolution avait accordé aux magistrats de Ludwigsburg la possibilité de correspondre directement avec les procureurs de la République, s'agissant notamment des demandes de documents, le procureur général de Hamm l'avait par exemple ignoré. Dans un écrit, celui-ci

---

[51] Cf. l'ébauche du rapport signé, le 1er mars 1967, par Adalbert Rückerl et adressé au Ministère de la Justice du Bade-Wurtemberg, 11 p. [ZSL, Dossiers généraux, Classeur 1-3, Rapports d'activité, Volume 2.]

[52] Cf. l'interview de Bernhard Daenekas, un commissaire divisionnaire de la police judiciaire, réalisée à Leer, le 23 novembre 2002, par Marc von Miquel, dossier déjà cité, folio 67. Bernard Daenekas a été le directeur adjoint de la section de la police judiciaire de la *Zentrale Stelle* de 1965 à 1968. Puis, de 1968 à 1971, il a dirigé le fichier central de l'institution judiciaire.

rappelait à la *Zentrale Stelle* qu'il était obligatoire de passer par son bureau, avant de pouvoir adresser une demande, quelle qu'elle soit, aux procureurs de la République de son *Land*. Ce à quoi Erwin Schüle avait su répondre, de façon fort diplomatique : il supposait que le procureur général à Hamm n'avait pas été encore tenu informé de l'adoption de la nouvelle résolution de novembre 1959 qui visait à faciliter l'accès de la *Zentrale Stelle* aux documents des parquets. À la suite de quoi, il pria son collègue de bien vouloir rediffuser cette information parmi les procureurs de la République[53].

Dans le même ordre d'idée, la *Zentrale Stelle* fut largement déçue du coup qui fut porté, en 1963, par le Ministère ouest-allemand des Affaires étrangères à sa tentative d'auditionner, dans le cadre d'une enquête qu'elle avait ouverte, le professeur Alexejew, directeur de l'*Institut pour le code d'instruction pénale et la criminalistique* de l'Université de Leningrad. L'arrivée du professeur avait été annoncée à Bonn par téléphone. Les magistrats l'attendaient avec grand intérêt parce qu'il devait leur apporter plusieurs documents appuyant sa déposition. Celui-ci n'est finalement pas venu au rendez-vous fixé. La *Zentrale Stelle* a appris, par la suite, que le Ministère ouest-allemand des Affaires étrangères avait décidé, du jour au lendemain, de raccourcir la durée du visa du professeur

---

[53] Cf. l'ébauche de l'écrit adressé, le 1er décembre 1959, par Erwin Schüle au procureur général près du Tribunal régional supérieur de Hamm, 2 p. [ZSL, Dossiers généraux, Classeur 41-1, Instauration et compétence de la *Zentrale Stelle*, Volume I.]

Alexejew qui avait alors dû précipitamment rentrer dans son pays[54].

Même si l'équipe de Ludwigsburg était parvenue à établir d'importantes relations de coopération avec des pays tels que la Pologne ou l'État d'Israël, et ce, seulement une quinzaine d'années après la fin de la guerre, elle rencontrait plusieurs problèmes avec l'Union soviétique et la République démocratique allemande. La République fédérale envisageait, en effet, avec la plus grande des méfiances les propositions d'entraide judiciaire provenant de ces deux pays qui s'étaient, selon elle, fixés pour seul objectif de lancer des accusations diffamatoires contre les personnalités politiques ouest-allemandes[55].

En dépit de ces obstacles, la *Zentrale Stelle* avait néanmoins poursuivi son travail de la manière la plus professionnelle qui soit. Placée d'ailleurs sous l'autorité du Ministère de la Justice du Bade-Wurtemberg, elle était tenue de lui faire rapport écrit du moindre dépôt de plainte contre elle. Le 27 avril 1967, Adalbert Rückerl avait, par exemple, dû adresser ce genre de rapport à la suite de l'envoi d'une lettre, six jours plus tôt, au Ministère de la Justice du Bade-Wurtemberg, par Otto Kranzbühler, un avocat de Düsseldorf[56]. Celui-ci critiquait le travail qui avait été effectué par la *Zentrale Stelle* dans le cadre de deux enquêtes préliminaires, tout en accusant l'institution d'outrepasser les limites de son champ de

---

[54]Cf. Streim Alfred, « Der Umgang mit der Vergangenheit am Beispiel der Zentralen Stelle der Landesjustizverwaltungen zur Aufklärung nationalsozialistischer Verbrechen in Ludwigsburg », *art. cit.*, p. 330.

[55] Cf. l'article déjà cité de Gerhard Pauli, p. 53.

[56] Écrit adressé, le 27 avril 1967, par le Ministère de la Justice du Bade-Wurtemberg à la *Zentrale Stelle* de Ludwigsburg. [ZSL, Dossiers généraux, Classeur 1-23, Plainte contre un interrogatoire.]

compétence. La critique s'étendait également à son faible niveau de connaissances historiques. Cette partie précise de la lettre contenait des segments de phrases soulignés en rouge, suivis d'un point d'exclamation[57] : ce qui montre, en quelque sorte, la réaction du magistrat qui avait, toutefois, au final, rédigé dans un style maîtrisé un long rapport justifiant, de manière détaillée, sur la base des données disponibles, la décision de la *Zentrale Stelle* d'entreprendre une enquête préliminaire dans les deux cas mentionnés par l'avocat[58]. Ainsi, Otto Kranzbühler avait-il reçu une réponse du Ministère de la Justice du Bade-Wurtemberg ayant rectifié les erreurs de l'avocat sur la compétence et la mission de l'institution judiciaire de Ludwigsburg[59].

Il faut aussi, ici, souligner que la *Zentrale Stelle* avait même dû, à une autre occasion, procéder à une enquête préliminaire, après avoir pris connaissance d'accusations formulées par les pays du bloc communiste contre la personne d'Erwin Schüle.

En février 1965, la République démocratique allemande avait, en effet, diffusé dans la presse l'information selon laquelle le directeur de la *Zentrale Stelle* aurait été membre du parti nazi et de sa milice, la SA (*Sturmabteilung* – Section d'assaut). E. Schüle se trouvait alors à Varsovie pour étudier la documentation

---

[57] Écrit adressé, le 21 avril 1967, par l'avocat Otto Kranzbühler au Ministère de la Justice du Bade-Wurtemberg, 3 p. [ZSL, Dossiers généraux, Classeur 1-23, Plainte contre un interrogatoire.]

[58] Cf. l'ébauche de l'écrit adressé, le 8 juin 1967, par Adalbert Rückerl au Ministère de la Justice du Bade-Wurtemberg, 7 p. [ZSL, Dossiers généraux, Classeur 1-23, Plainte contre un interrogatoire.]

[59] Lettre adressée, le 21 juin 1967, par le Ministère de la Justice du Bade-Wurtemberg à l'avocat Otto Kranzbühler, 3 p. [ZSL, Dossiers généraux, Classeur 1-23, Plainte contre un interrogatoire.]

polonaise. Sa première réaction fut de nier catégoriquement cette accusation, avant de finir par la reconnaître. Au mois de septembre de la même année, le Ministère soviétique des Affaires étrangères adressa, à son tour, à son homologue ouest-allemand une note contenant des dépositions de témoins russes. Ces derniers accusaient, cette fois, le directeur de la *Zentrale Stelle* d'avoir commis, sous l'occupation nazie, plusieurs crimes de guerre. Face à cette situation, E. Schüle demanda à la *Zentrale Stelle* d'ouvrir une enquête préliminaire contre lui-même, afin de pouvoir rejeter les accusations soviétiques. Le déroulement de cette enquête a connu toutefois plusieurs problèmes notamment occasionnés par les relations tendues qui existaient entre l'Ambassade ouest-allemande de Moscou et les autorités soviétiques. Elle fut définitivement suspendue en septembre 1967. Sans attendre l'issue de l'enquête, E. Schüle avait souhaité, dès 1966, retourner au parquet de Stuttgart, son établissement d'origine. C'est pour réhabiliter l'honneur de ce magistrat que le Ministère de la Justice du Bade-Wurtemberg intervint, par la suite, afin qu'il put être nommé au poste de procureur général[60].

---

[60]Voir Greve Michael, « Von Auschwitz nach Ludwigsburg. Zu den Ermittlungen der " Zentralen Stelle der Landesjustizverwaltungen zur Aufklärung nationalsozialistischer Gewaltverbrechen " in Ludwigsburg (D'Auschwitz à Ludwigsburg. Sur les enquêtes de " l'Office central des administrations de la Justice du *Land* pour l'élucidation des crimes nationaux-socialistes " à Ludwigsburg) » *in* WOJAK Irmtrud, MEINL Susanne (dir.), *Im Labyrinth der Schuld. Täter, Opfer, Ankläger. Jahrbuch 2003 zur Geschichte und Wirkung des Holocaust* (Dans le labyrinthe de la culpabilité. Exécuteurs, victimes et accusateurs. Annales 2003 sur l'histoire et l'impact de l'Holocauste), Francfort-sur-le-Main et New York, Editions Campus, 2003, pp. 52-54.

En dépit de l'absence d'enquête préliminaire qui aurait permis d'examiner le bien-fondé des accusations soviétiques formulées contre E. Schüle, force est de constater, sur la base de la consultation des archives de la *Zentrale Stelle,* que ce magistrat a accompli correctement sa mission. Ainsi, tant dans les documents d'enquêtes préliminaires que dans les dossiers généraux, nous trouvons de nombreux indices exposant clairement la détermination de ce procureur à lutter contre l'impunité, en particulier celle qui a permis aux fonctionnaires du IIIe Reich de passer inaperçus dans la nouvelle République fédérale [61] . E. Schüle a certes été critiqué par les historiens[62] parce qu'il avait réduit, de son propre chef, le champ d'investigation de la *Zentrale Stelle* à un groupe restreint de responsables principaux, excluant de fait ceux qui se situaient au niveau le plus bas de la hiérarchie - à condition cependant qu'ils n'aient pas commis d'excès. De même, celui-ci a estimé à tort que l'effectif du personnel de l'institution judiciaire était suffisant pour mener à bien la mission qui lui avait été confiée[63]. Enfin, il avait été également critiqué pour s'en être tenu strictement au respect de la date limite de la première

---

[61] Sur l'implication des policiers dans la politique génocidaire nazie, consulter, notamment, la lettre confidentielle adressée, le 26 juin 1959, par Erwin Schüle au procureur de la République à Hambourg. [ZSL, Dossiers généraux, Classeur 1-3, Rapports d'activité, Volume I.]

[62] Voir Greve Michael, « Von Auschwitz nach Ludwigsburg. Zu den Ermittlungen der " Zentralen Stelle der Landesjustizverwaltungen zur Aufklärung nationalsozialistischer Gewaltverbrechen " in Ludwigsburg », *art. cit.*, p. 54.

[63] Cf. le rapport d'activité de la *Zentrale Stelle* de Ludwigsburg pour le Comité permanent du *Landtag* du Bade-Wurtemberg, 20 p. [ZSL, Dossiers généraux, Classeur 1-3, Rapports d'activité, Volume I.] Document non daté, fort probablement rédigé par Erwin Schüle.

prescription des crimes nationaux-socialistes en 1965[64] : une attitude qui traduisait plutôt le fait qu'E. Schüle, confronté à la poursuite judiciaire de cette catégorie de crimes, réfléchissait toujours dans le cadre d'un droit pénal national. La prise de conscience de la particularité et du caractère imprescriptible des crimes de nature universelle, dont les génocides et les crimes contre l'humanité, était effectivement encore loin d'être acquise à l'époque.

Quelques années à peine après sa fondation, on évoqua déjà la fin de la *Zentrale Stelle*[65]. L'accord administratif, c'est-à-dire le document portant constitution de l'institution judiciaire, commence en effet par souligner le caractère provisoire de l'établissement qui venait de voir le jour[66]. Erwin Schüle avait ainsi fixé à 1963 la fin de la mission de la *Zentrale Stelle*. Il avait alors prévu le départ de deux employés jusqu'au début de l'année 1964. À la suite de ce premier départ, deux membres devaient encore quitter l'équipe vers la mi-1964 et deux autres, à la fin de cette même année. Ainsi, au début de 1965, l'institution devait compter uniquement cinq employés. L'effectif de l'équipe évoluerait ensuite en fonction du nombre de correspondances adressées à la

---

[64] Fleiter Rüdiger, « Die Ludwigsburger Zentrale Stelle und ihr politisches und gesellschaftliches Umfeld (La *Zentrale Stelle* de Ludwigsburg et son environnement politique et social) » in *Geschichte in Wissenschaft und Unterricht*, Année 53, 2002, pp. 37-38.

[65] Cf. le rapport d'activité de la *Zentrale Stelle* de Ludwigsburg pour l'année 1962 rédigé par Erwin Schüle, 11 p. [ZSL, Dossiers généraux, Classeur 1-3, Rapports d'activité, Volume 1.]

[66] Cf. le paragraphe 1 de la section I de l'ébauche du projet d'accord administratif.

Zentrale Stelle au sujet des questions de personnel[67]. Erwin Schüle envisageait, par la suite, d'assigner à l'institution une mission d'information dès le début de la période de prescription des crimes nationaux-socialistes :

« La *Zentrale Stelle* aurait aussi, pour ce qui est de la période succédant au 8 mai 1965, quand elle serait libérée des enquêtes préliminaires, davantage la possibilité de se confirmer sous la forme d'un bureau d'informations[68]. »

Une année plus tard, Erwin Schüle dut toutefois réviser ce plan de dissolution de l'équipe de Ludwigsburg, l'institution se trouvant confrontée à une situation nouvelle. Le nombre de correspondances à caractère administratif avait en effet augmenté ; de nouvelles plaintes avaient été déposées depuis Israël ; le départ inattendu de deux membres de l'équipe avait ralenti le rythme de travail de l'institution en dépit de l'arrivée d'un nouveau juge assesseur. À cela s'ajoutait le fait suivant. Lors de la journée d'étude qui avait eu lieu du 7 au 9 avril 1964 à Calw et qui réunissait les magistrats chargés de la poursuite judiciaire des crimes nationaux-socialistes, il avait été envisagé d'assigner à la *Zentrale Stelle* une nouvelle mission, la mise sur pied d'un centre de documentation à Ludwigsburg. Ce nouvel objectif nécessiterait, au contraire, de renforcer l'effectif, plutôt

[67] Cf. le rapport d'activité rédigé, le 24 juillet 1963, par Erwin Schüle. [ZSL, Dossiers généraux, Classeur 1-3, Rapports d'activité, Volume 1.]

[68] « Einrichtung einer Zentralkartei (La mise en place d'un fichier central) », communication présentée par le Dr. Nachtweh, un procureur de la République de la *Zentrale Stelle* de Dortmund, dans le procès-verbal de la journée d'étude des procureurs chargés dans la République fédérale de la poursuite judiciaire des crimes nationaux-socialistes, à l'Académie publique de Calw du 7 au 9 avril 1964, p. 14. [BArch, B 162 / 8, 146 p.] Erwin Schüle avait pris la parole durant la discussion qui a suivi cette communication.

que de le réduire[69]. Le Dr. Heinz Artzt, un autre procureur de l'équipe de Ludwigsburg a reconnu quelques années plus tard qu'il aurait mieux valu " ne pas jouer le rôle de prophète[70] " pour tout ce qui avait trait à l'avenir de la *Zentrale Stelle*, des événements imprévisibles étant susceptibles de bouleverser les projets élaborés. Celle-ci poursuit, d'ailleurs, encore aujourd'hui sa mission à son siège à Ludwigsburg, et ce, toujours dans l'attente de la fin prochaine de son activité judiciaire.

---

[69] Cf. le rapport d'activité de la *Zentrale Stelle* de Ludwigsburg, état actuel au 1er août 1964. [ZSL, Dossiers généraux, Classeur 1-3, Rapports d'activité, Volume I.]

[70] « Die Situation der Zentralen Stelle der Landesjustizverwaltungen », communication déjà citée du Dr. Heinz Artzt, p. 110.

Chapitre 2

Dietrich Zeug ou la " banalité du bien[71] "

Dans un chapitre qui serait consacré à une présentation générale de l'équipe de Ludwigsburg, il faudrait tout d'abord souligner que les procureurs et les juges n'ont été affectés à la *Zentrale Stelle* que pour une courte durée provisoire, comprise en principe entre une et deux années. Cela explique d'ailleurs la composition fluctuante de cette équipe, au sein de laquelle – les exceptions ne dérogent pas à la règle – nous retrouvons quelques rares magistrats qui sont restés en fonction à la *Zentrale Stelle* un peu plus longtemps. Le Dr. Heinz Artzt, un procureur de Basse-Saxe qui a quitté l'équipe de Ludwigsburg après seize années et neuf mois de service, constitue précisément l'une de ces exceptions[72].

La direction de la *Zentrale Stelle*, notamment sous Adalbert Rückerl, a certes tenté de convaincre ses employés temporaires de prolonger leur durée d'affectation au sein de l'institution judiciaire[73]. Ceux-ci ont cependant préféré, le plus souvent, retourner dans

[71] Le titre de ce chapitre s'inspire de l'ouvrage rédigé par Hannah Arendt sur le procès d'Eichmann en Israël. Cf. Arendt Hannah, *Eichmann in Jerusalem. A Report on the Banality of Evil*, New York, Viking Press, 1963, 275 p.

[72] Cf. le rapport d'activité de la *Zentrale Stelle* de Ludwigsburg pour la période du 1er juillet 1976 au 30 juin 1977, 23 p. [ZSL, Dossiers généraux, Classeur 1-3, Rapports d'activité, Volume 2.] Document signé, le 1er juillet 1977, par Adalbert Rückerl.

[73] Cf. l'ébauche du rapport du 1er mars 1967 rédigé par Adalbert Rückerl et adressé au Ministère de la Justice du Bade-Wurtemberg, 11 p. [ZSL, Dossiers généraux, Classeur 1-3, Rapports d'activité, Classeur 2.]

leur établissement d'origine. La plupart d'entre eux craignait, en restant trop longtemps à Ludwigsburg, de se voir privés de la possibilité d'obtenir une promotion rapide dans leur carrière. Volker Eckardt a estimé, en évoquant ce sujet, que la méthode de travail de la *Zentrale Stelle* était différente de celle d'un parquet ordinaire. Ce qui pouvait constituer sur le long terme – selon lui – un inconvénient majeur pour sa carrière, d'où sa décision de retourner sans tarder davantage à son établissement d'origine[74].

La composition fluctuante de l'institution judiciaire contraignait, par ailleurs, la direction de la *Zentrale Stelle* à prévoir, pour chaque nouveau membre venant de rejoindre l'équipe des magistrats, une période d'adaptation de deux à six mois au travail de cette institution : un temps précieux qui était soustrait de la déjà courte durée d'affectation du magistrat en question. Pendant cette période, le nouveau membre de l'équipe pouvait consacrer son temps à la lecture des quelques ouvrages qui avaient été publiés à l'époque sur le national-socialisme, dont notamment celui du journaliste Reinhard Henkys[75].

Cette initiative, adoptée par la direction de la *Zentrale Stelle,* présentait l'inconvénient de perturber le rythme des enquêtes de l'institution qui, de surcroît, a disposé, tout au long de son existence, d'un effectif en personnel plutôt insuffisant. En effet, la *Zentrale Stelle* au 1er mai

---

[74] Cf. l'interview de Volker Eckhardt réalisée à Düsseldorf, le 12 novembre 2002, par Marc von Miquel, folio 145.

[75] Henkys Reinhard, *Die nationalsozialistischen Gewaltverbrechen. Geschichte und Gericht* (Les crimes nationaux-socialistes. Histoire et tribunal), Stuttgart-Berlin, Editions Kreuz, 2ème édition revue, 1965, 392 p.

1959, soit quelques mois après son entrée en fonction, disposait d'une équipe dirigée par Erwin Schüle et était composée de sept procureurs, de six fonctionnaires de la justice, sans oublier le personnel d'une commission spéciale de la police judiciaire elle-même formée de quatorze policiers et de deux dactylos[76]. Soulignons, cependant, qu'Erwin Schüle a commencé, à partir du 1er mars 1962, à assurer également la direction du parquet de Stuttgart. Le fait d'avoir à partager ainsi son temps entre deux postes d'importance capitale a fort probablement dû atténuer l'efficacité du travail du procureur de la République à Ludwigsburg. En 1963, la *Zentrale Stelle* a poursuivi sa mission avec une équipe de neuf magistrats, dont l'un d'entre eux – le Dr. Heinz Artzt, un premier procureur – occupait le poste de directeur adjoint. Il devait, outre sa tâche prioritaire consistant à enquêter sur les crimes nationaux-socialistes, traiter également des questions de nature administrative qui lui avaient été déléguées par Erwin Schüle[77].

À partir de la seconde moitié des années 1960, la *Zentrale Stelle* a connu un renforcement notable de son effectif. Le 1er mars 1967, l'institution judiciaire comptait, en effet, cent quatre membres, dont quarante-cinq magistrats[78]. Ce chiffre a tendu, néanmoins, à diminuer à

---

[76] Cf. le rapport du 14 mai 1959 rédigé par Erwin Schüle sur l'activité de la *Zentrale Stelle* de Ludwigsburg pour la période du 1er décembre 1958 au 1er juin 1959, 18 p. [ZSL, Dossiers généraux, Classeur 1-3, Rapports d'activité, Volume 1.]

[77] Cf. le rapport d'activité du 24 juillet 1963 rédigé par Erwin Schüle. [ZSL, Dossiers généraux, Classeur 1-3, Rapports d'activité, Volume 1.]

[78] Cf. l'ébauche du rapport rédigé, le 1er mars 1967, par Adalbert Rückerl et adressé au Ministère de la Justice du Bade-Wurtemberg, 11 p. [ZSL, Dossiers généraux, Classeur 1-3, Rapports d'activité, Volume 2.]

nouveau dès la décennie suivante. En avril 1979, elle ne comptait plus qu'onze juges et procureurs sur un total de quarante-neuf employés[79]. Ce nombre s'était établi à " sept magistrats et demi en juin 1985 ", le demi correspondant à un poste à temps partiel[80]. Enfin, au mois de décembre 2009, la *Zentrale Stelle* n'incluait qu'un procureur de la République et trois juges dans une équipe de dix-huit membres, dont quatre employés à temps partiel[81]. Si ce dernier effectif peut paraître compatible avec la baisse générale du nombre d'enquêtes préliminaires, il convient cependant de rappeler que la *Zentrale Stelle* a presque toujours travaillé avec une équipe restreinte, y compris lorsqu'elle se trouvait dans l'obligation de mener un intense travail de justice, une mission dont elle a dû s'acquitter dans les années 60 et 70 sous la pression de l'approche des dates limites (1965-1969-1979) imposées par le principe de la prescription des crimes nationaux-socialistes.

À cela il faut ajouter le point suivant : souvent les jeunes ou les collègues les moins compétents furent, à l'origine, choisis par les administrations de la Justice des *Länder* pour être envoyés à Ludwigsburg. À titre d'exemple, Willi Dreßen fut affecté en 1967 de son

[79] Écrit adressé, le 19 avril 1979, par la *Zentrale Stelle* de Ludwigsburg au Ministère de la Justice du Bade-Wurtemberg, 3 p. [ZSL, Dossiers généraux, Classeur 1-3, Rapports d'activité, Volume 2.]

[80] Cf. le rapport d'activité de la *Zentrale Stelle* de Ludwigsburg, pour la période du 1er juillet 1984 au 30 juin 1985, 12 p. [ZSL, Dossiers généraux, Classeur 1-3, Rapports d'activité, Volume 2.] Document non daté, signé par Alfred Streim.

[81] Cf. le rapport d'activité de la *Zentrale Stelle* de Ludwigsburg pour la période du 1er janvier 2009 au 31 décembre 2009, 13 p. [ZSL, Dossiers généraux, Classeur 1-3, Rapports d'activité, Volume 5.] Document signé, le 6 octobre 2010, de la main même de Kurt Schrimm.

établissement d'origine d'Aix-la-Chapelle à Ludwigsburg, du simple fait que le plus jeune juge assesseur qui figurait au premier rang de la liste des candidats à rejoindre la *Zentrale Stelle*, avait dans sa famille un oncle qui avait été un SS haut gradé à Auschwitz[82]. Conscient des critères qui prévalaient dans la désignation des magistrats à la *Zentrale Stelle*, Alfred Streim a pris ensuite la décision de consulter au préalable le dossier administratif des candidats qui entraient en compte pour une affectation à Ludwigsburg[83]. Bien entendu, l'institution a aussi compté en son sein des magistrats qui, d'eux-mêmes, ont souhaité rejoindre la *Zentrale Stelle* parce qu'ils s'intéressaient au thème du national-socialisme. Là, il pouvait s'agir d'un intérêt purement historien [84] ou encore d'un choix personnel lié à la persécution de leurs proches sous le

---

[82] Cf. l'interview de Willi Dreßen réalisée à Ludwigsburg, le 15 octobre 2002, par Marc von Miquel, dossier déjà cité, folio 98. Willi Dreßen, qui avait été affecté en 1967 à la *Zentrale Stelle* à l'origine pour une brève période, y est finalement resté jusqu'à sa retraite qu'il a prise en 2000. Il a notamment travaillé à Ludwigsburg sur les dossiers concernant les sites annexes des camps de concentration de Neuengamme et de Dachau, les crimes d'euthanasie et l'étude des archives allemandes, avant d'exercer la fonction de directeur adjoint de 1984 à 1996 et celle de directeur de la *Zentrale Stelle* de 1996 à 2000.

[83] Cf. Streim Alfred, « Der Umgang mit der Vergangenheit am Beispiel der Zentralen Stelle der Landesjustizverwaltungen zur Aufklärung nationalsozialistischer Verbrechen in Ludwigsburg », *art. cit.*, p. 325.

[84] Cf. l'interview de Wilfried Penner réalisée à Berlin, le 6 novembre 2002, par Marc von Miquel, dossier déjà cité, folio 227. Wilfried Penner a fait partie de la *Zentrale Stelle* de 1966 à 1967. Il a notamment préparé à Ludwigsburg les catalogues pour divers documents et a été chargé de répondre aux courriers de demande de renseignements sur les particuliers. Voir, de même, l'interview de Godehard Schreiber réalisée à Hanovre, le 4 novembre 2002, par Marc von Miquel, folio 289. Godehard Schreiber fut en charge à la *Zentrale Stelle*, de 1971 à 1972, des crimes commis en Biélorussie.

régime national-socialiste. Curt Becker a précisément demandé à être affecté temporairement à l'équipe de Ludwigsburg en souvenir de son père qui avait été interné, entre 1939 et 1941, dans un camp de concentration pour s'être opposé au pouvoir nazi[85]. Par la suite, Adalbert Rückerl a décidé en 1966 de fixer la durée d'affectation minimale d'un magistrat à l'équipe de Ludwigsburg à deux années, bien que, fort probablement, ce principe n'ait pas toujours été appliqué dans la pratique[86].

Chacune des tentatives de constituer l'histoire de la *Zentrale Stelle* de Ludwigsburg, y compris ce présent ouvrage, demeure, cependant, jusqu'à ce jour incomplète. Aucune de ces tentatives n'a pu accorder une place pleine et entière aux magistrats de Ludwigsburg : un chapitre pourtant d'importance capitale qui reste encore à écrire par les chercheurs.

Cette lacune dans l'historiographie émergente de la *Zentrale Stelle* peut s'expliquer, premièrement, par la réticence de la direction actuelle de l'institution judiciaire à autoriser les historiens à accéder aux dossiers administratifs des anciens membres de l'équipe de Ludwigsburg par un souci – justifié d'ailleurs - de protéger les données privées concernant des tierces

---

[85] Voir l'interview de Curt Becker réalisée à Magdeburg, le 7 novembre 2002, par Marc von Miquel, dossier déjà cité, folios 10-11. Curt Becker a fait partie de l'équipe de la *Zentrale Stelle* de 1967 à 1972. Il y a travaillé sur le camp de concentration de Ravensbrück.

[86] Cf. le rapport d'activité de la *Zentrale Stelle* de Ludwigsburg pour la période du 8 mai 1965 au 15 septembre 1966, 35 p. [ZSL, Dossiers généraux, Classeur 1-3, Rapports d'activité, Volume 2.] Document signé, le 15 septembre 1966, par Adalbert Rückerl.

personnes. Une étude des enquêtes préliminaires – et dans une moindre mesure des dossiers généraux - permet, toutefois, aux lecteurs d'entr'apercevoir quelques indices significatifs sur la personnalité des procureurs et des juges de la *Zentrale Stelle*. Le cas de Dietrich Zeug qu'un visiteur de Ludwigsburg peut rencontrer – entre autres documents – dans les dossiers qui traitent des centres de mise à mort de « l'Opération Reinhard[87] », constitue un exemple que nous souhaitons à présent développer ci-dessous.

Dietrich Zeug a été le sixième membre affecté à la *Zentrale Stelle*. Ce jeune juge assesseur du Parquet de Darmstadt a entamé son travail au sein de l'équipe de Ludwigsburg le 4 mai 1959[88]. Il y est resté jusqu'à la fin de 1970. En dépit de ces onze années de travail, son nom est aujourd'hui largement tombé dans l'oubli, contrairement à ceux d'Erwin Schüle, d'Adalbert Rückerl, d'Alfred Streim ou encore de Willi Dreßen qui sont immédiatement associés à l'institution judiciaire. En ce qui concerne Dietrich Zeug, nous pouvons seulement

---

[87]Il s'agit d'une composante de la « Solution finale » qui a été baptisée du prénom de Reinhard Heydrich à la suite de son assassinat en juin 1942 par des résistants tchèques. Elle a combiné les deux objectifs principaux de la politique génocidaire nazie : le meurtre systématique des Juifs et la spoliation de leurs biens. « L'Opération Reinhard » a été exécutée dans les frontières des centres de mise à mort de Bełżec, Sobibór et Treblinka, ainsi que dans un espace concentrationnaire ayant réuni plusieurs sites dispersés à Lublin.

[88] Écrit adressé par la *Zentrale Stelle* de Ludwigsburg au Ministère de la Justice de Rhénanie-du-Nord-Westphalie, 2 p. [ZSL, Dossiers généraux, Classeur 1-3, Rapports d'activité, Volume 1.] Ce document, non daté, inclut une annexe présentant des données sur la composition du personnel de la *Zentrale Stelle* de Ludwigsburg.

nous référer aux articles rédigés par Ruth Bettina Birn[89]. Ceux-ci mettent en avant l'évaluation critique du Procès Eichmann par Dietrich Zeug qui y avait été envoyé en tant qu'observateur par le Parquet de Francfort, du 1er avril au 4 septembre 1961[90].

Le nom de ce jeune juge assesseur avait attiré mon attention, lors de mon étude des dossiers d'enquêtes préliminaires qui concernaient les trois camps de « l'Opération Reinhard ». Son travail de justice honnête et tenace, a été accompli seulement quatorze années après la fin de la guerre. Cette découverte m'avait alors conduite à envisager une étude plus approfondie de sa carrière à Ludwigsburg, voire à rédiger sa biographie[91].

---

[89] Voir, à titre d'exemple, Birn Ruth Bettina, « Staatsanwalt Zeug in Jerusalem. Zum Kenntnisstand der Anklagebehörde im Eichmann-Prozess und der Strafverfolgungsbehörden der Bundesrepublik (Le procureur Zeug à Jérusalem. Sur l'état des connaissances du parquet au Procès d'Eichmann et des instances de poursuite judiciaire dans la République fédérale) » in *Bulletin des Fritz Bauer Instituts*, Printemps 2011, 3ème année, pp. 26-32. [http://www.fritz-bauer-institut.de/fileadmin/user_upload/uploadsFBI/einsicht/Einsicht-5.pdf], site consulté pour la dernière fois en novembre 2011. J'eus l'agréable surprise de rencontrer Ruth Bettina Birn à Ludwigsburg, au cours de mon séjour de recherche entrepris de novembre 2011 à janvier 2012 à la *Zentrale Stelle*, et, surtout, de découvrir que nous tentions alors toutes les deux de trouver des informations sur Dietrich Zeug.

[90] Cf. le rapport d'activité de la *Zentrale Stelle* de Ludwigsburg pour la période du 1er janvier 1961 au 20 octobre 1961. [ZSL, Dossiers généraux, Classeur 1-3, Rapports d'activité, Volume 1.] Document rédigé, le 10 janvier 1961, par Erwin Schüle.

[91] Les enquêtes préliminaires menées par Dietrich Zeug de 1959 à 1963 sur le camp de Bełżec ont déjà fait l'objet d'une communication présentée, le 21 septembre 2010, aux Archives régionales de Ludwigsburg dans le cadre d'un cycle de conférences organisé par le *Förderverein Zentrale Stelle*. Une version revue de cette communication a été ensuite publiée en 2012 en France. Cf. Cehreli Ayse Sila, « Bełżec.

Afin de pouvoir préparer ce travail, j'ai souhaité accéder au dossier administratif de Dietrich Zeug qui était toujours conservé par la *Zentrale Stelle*. Thomas Will, le directeur adjoint actuel de l'institution, m'a alors précisé qu'il pourrait me montrer une partie des documents contenus dans ce dossier – notamment les rapports évaluant le travail de Dietrich Zeug à Ludwigsburg – dès lors que la famille du magistrat, décédé en juillet 1997, m'accordait, au préalable, son autorisation.

Ce point précisé, j'ai entrepris une recherche sur Internet et j'ai, effectivement, retrouvé l'adresse électronique des deux fils du magistrat : Peter et Andreas Zeug. Tous les deux ont bien voulu accepter de répondre par e-mail à mes questions qui visaient à recueillir des informations sur leur père. Concernant l'autorisation d'accès au dossier administratif de Dietrich Zeug, Peter Zeug a écrit qu'il préférait laisser sa mère et son frère, qui sont tous les deux juristes, prendre cette décision[92]. J'ai adressé, ensuite, la même question, à deux reprises, à Andreas Zeug. Ce dernier, même s'il s'est montré tout à fait disposé à m'aider dans ma recherche et que, de surcroît, il m'a fait parvenir *via* e-mail trois photographies de son père, a préféré laisser cette question sans réponse[93]. En contactant la famille de Dietrich Zeug, j'ai cherché à savoir – à l'instar de Ruth Bettina Birn – si le magistrat

---

À la recherche des traces laissées par un centre de mise à mort » in *Revue d'Histoire de la Shoah*, numéro 1997, juillet-décembre 2012, pp. 263-282.

[92] Cf. le courrier électronique du 25 novembre 2010 adressé par Peter Zeug à l'auteur

[93] Cf. le courrier électronique du 5 décembre 2010 que j'ai adressé à Andreas Zeug et sa réponse du 7 décembre 2010. Voir, de même, sur ce sujet précis, le courrier électronique du 14 décembre 2010 également envoyé à Andreas Zeug.

avait tenu une sorte de journal professionnel ou avait écrit sur son travail à Ludwigsburg. Ce qui n'a malheureusement pas été le cas. Andreas Zeug m'a répondu que son père lui avait uniquement laissé des albums de photographies bien annotés[94].

En l'absence d'une autorisation de la famille de Dietrich Zeug, Thomas Will n'a pu me communiquer le dossier administratif du magistrat. Lors d'un entretien réalisé, le 24 janvier 2011, dans les locaux de la *Zentrale Stelle*, le directeur adjoint de l'institution a toutefois pris le temps de choisir et de lire des extraits de son dossier administratif. Ceux-ci contenaient des données sur le travail accompli par Dietrich Zeug. Cet entretien m'a donc permis de prendre des notes qui ont complété les informations puisées dans ma correspondance avec les deux fils du magistrat[95].

Selon l'ensemble de ces données, Dietrich Philipp Zeug est né en avril 1930 à Gießen. La famille aurait vécu, par la suite, à Lollar. Son père, Dieter Zeug, pratiquait – entre autres métiers – celui de tailleur. D'après les informations fournies par son fils Andreas, Dietrich Zeug aurait, tout d'abord, envisagé d'étudier l'économie, puis aurait opté pour le droit. Peter Zeug a ajouté que son père avait joué dans sa jeunesse du piano au sein d'un groupe de musiciens amateurs. Malgré son penchant pour l'art, il

---

[94] Voir le courrier électronique du 13 décembre 2010 d'Andreas Zeug qui contenait, en pièces attachées, trois photographies de Dietrich Zeug.

[95] Notes prises pendant l'entretien réalisé, le 24 janvier 2011, avec Thomas Will, procureur et directeur adjoint de la *Zentrale Stelle* de Ludwigsburg au sujet du dossier administratif de Dietrich Zeug ; désormais l'entretien réalisé avec Thomas Will.

a finalement fait des études de droit à Gießen et à Marburg[96] : un choix qui pourrait – selon son fils aîné Peter – avoir été lié au fait que le grand-père paternel avait connu des ennuis sous le régime nazi. P. Zeug a évoqué, à l'appui de cette thèse, une photographie sur laquelle ce grand-père, qui a été déporté dans un camp de concentration, portait, pour avoir aidé des Juifs, un écriteau avec la mention " *Ich bin ein Vaterlandsverräter* (Je suis un traître à la patrie)[97] ".

Le premier point à évoquer ensuite au sujet de la personne de Dietrich Zeug et son affectation à la *Zentrale Stelle* est qu'indéniablement Ludwigsburg a dû occuper dans sa vie une place particulière tant au plan professionnel que privé. La réponse rédigée par ce magistrat, le 7 mars 1983, à la *Zentrale Stelle* alors qu'il était invité à la cérémonie du 25ème anniversaire de l'institution, en constitue un indice significatif. Parmi plus d'une centaine d'invitations préparées sous la forme d'un formulaire[98], D. Zeug fut, en effet, la seule personne qui a retourné ce formulaire en l'accompagnant d'une lettre qu'il adressait à la fois à Adalbert Rückerl et à Willi Dreßen. Après avoir confirmé sa participation à la cérémonie avec son épouse, le magistrat a écrit dans sa lettre les lignes suivantes :

---

[96] Voir les courriers électroniques envoyés à l'auteur par Peter Zeug, le 25 novembre 2010 et le 1er décembre 2010, ainsi que celui d'Andreas Zeug en date du 13 décembre 2010.

[97] Cf. les courriers électroniques du 25 novembre et du 1er décembre 2010 de Peter Zeug.

[98] Le formulaire avait été préparé par la *Zentrale Stelle*, afin de collecter deux types d'information précis : la participation ou non de l'invité à la cérémonie et la réservation ou non par l'institution judiciaire d'une chambre dans un hôtel à Ludwigsburg.

« Que nous avons de si bons, agréables souvenirs professionnels et privés de la *Zentrale Stelle* et de Ludwigsburg. Il existe toujours des contacts professionnels et aussi des contacts avec les anciens [employés de l'institution][99]. »

En effet, Andreas Zeug m'avait écrit que son père se sentait bien à Ludwigsburg car l'atmosphère à la *Zentrale Stelle* était bonne et que le travail l'intéressait, même si ce qu'il apprenait quotidiennement sur le national-socialisme et la Shoah le bouleversait aussi [100] : un sentiment qui semble être partagé par la plupart des membres de l'institution judiciaire[101].

Le deuxième point qu'il convient, ici, de souligner au sujet de la contribution de Dietrich Zeug au travail de l'équipe de Ludwigsburg est qu'il y a accompli de nombreuses tâches d'importance capitale [102] . Une correspondance adressée par Erwin Schüle, le 7 décembre 1959, au Parquet de Francfort loue, en particulier, le travail de ce magistrat. Au titre de sa fonction de juge assesseur, celui-ci a su, en effet, mener à terme avec succès l'enquête préliminaire sur le camp de la mort de

[99] Lettre adressée, le 7 mars 1983, par Dietrich Zeug à la *Zentrale Stelle* de Ludwigsburg. [ZSL, Dossiers généraux, Classeur 41-90, 25 ans d'existence de la *Zentrale Stelle* de Ludwigsburg, Volume spécial I.] Dietrich Zeug était alors procureur de la République et il dirigeait le parquet près du Tribunal de grande instance de Kassel.

[100] Cf. le courrier électronique d'Andreas Zeug en date du 13 décembre 2010.

[101] Cf. le rapport d'activité de la *Zentrale Stelle* de Ludwigsburg pour le Comité permanent du *Landtag* du Bade-Wurtemberg, 20 p. [ZSL, Dossiers généraux, Classeur 1-3, Rapports d'activité, Classeur 1.]

[102] Dietrich Zeug, qui était arrivé à la *Zentrale Stelle* en 1959 en tant que juge assesseur, est devenu procureur en septembre 1960, puis premier procureur en janvier 1966.

Treblinka[103]. Il s'agissait d'une affaire judiciaire où il y avait peu de témoins. Le juge assesseur avait dû accomplir lui-même le travail, sans la possibilité de recourir au soutien d'une commission spéciale de policiers. Autrement dit, il avait étudié l'historiographie émergente sur la Shoah ; il avait retrouvé les témoins qui résidaient à l'étranger, puis il les avait fait auditionner par les autorités sur place. Dans le même temps, il n'avait pas manqué de préparer de brefs documents orientant le travail de ces autorités dont l'expérience en matière de crimes nationaux-socialistes était faible[104]. Dietrich Zeug avait aussi rapidement compris la relation d'interdépendance qui existait entre les crimes de masse examinés à Ludwigsburg et la nécessité pour les magistrats de maîtriser l'ensemble des informations disponibles. D'où sa proposition d'organiser une journée d'études sur « l'Opération Reinhard », tout en rassemblant les membres des différentes instances judiciaires de la République fédérale qui travaillaient sur une partie seulement de ce vaste dossier[105]. Le 19 juin 1962 a été finalement retenu pour cette réunion à Ludwigsburg avec une possibilité de la prolonger d'une journée supplémentaire[106].

---

[103] Note rédigée, le 9 juillet 1959, par Dietrich Zeug. [BArch, B 162 / 3817, folio 1.]

[104] À titre d'exemple, lire la lettre adressée, le 2 novembre 1959, par Dietrich Zeug au préfet de police de Berlin au sujet de l'audition des témoins. [BArch, B 162 / 3817, folios 330 à 332.]

[105] Cf. la lettre adressée, le 27 avril 1962, par le procureur de la République dirigeant le Tribunal de grande instance de Dortmund à la *Zentrale Stelle* de Ludwigsburg, 3 p. [ZSL, Dossiers généraux, Classeur 3-11, Journée d'étude à Ludwigsburg sur « l'Opération Reinhard ».]

[106] Cf. la lettre adressée, le 6 juin 1962, par Dietrich Zeug au Bureau régional de la police judiciaire de la Rhénanie-du-Nord-Westphalie.

Le premier rapport d'évaluation rédigé par le directeur de la *Zentrale Stelle*, le 22 avril 1960, confirme que les enquêtes dirigées par Dietrich Zeug ont abouti à des arrestations de suspects. Ce rapport précise, par ailleurs, que le magistrat avait manifesté un grand intérêt pour sa mission. Il n'avait pas, non plus, hésité à y consacrer ses dimanches et jours de congé, pour obtenir la décision de suspension de la prescription des crimes nationaux-socialistes pour les dossiers qu'il préparait[107] : un rythme de travail qui a dû continuer jusqu'à sa rencontre, en novembre 1965, avec Gertraud Heipke à la *Zentrale Stelle*. Le couple s'est marié en septembre 1966 et eut deux fils[108].

Les rapports d'évaluation suivants, rédigés à la fois par Erwin Schüle et Adalbert Rückerl, ont réaffirmé l'importance du travail de Dietrich Zeug pour l'équipe de Ludwigsburg. Le 26 mars 1963, E. Schüle a notamment indiqué que ce magistrat, qui comptait parmi les membres les plus précieux de l'institution judiciaire, devait encore achever une enquête préliminaire : un argument qui lui avait alors permis d'obtenir de la Hesse la prolongation de l'affectation de Dietrich Zeug à la *Zentrale Stelle*. Le 14 mai 1968, Adalbert Rückerl mettait en avant la diversité des tâches accomplies avec succès par ce procureur : la direction de différentes sections au sein de l'institution judiciaire, la délicate correspondance avec les Ministères de la Justice polonaise et tchèque, la

---

[ZSL, Dossiers généraux, Classeur 3-11, Journée d'étude à Ludwigsburg sur « l'Opération Reinhard ».]

107 Cf. l'entretien réalisé avec Thomas Will.

108 Cf. le courrier électronique du 13 décembre 2010 d'Andreas Zeug, ainsi que la circulaire du 30 novembre 1965, signée par Erwin Schüle, 1 folio recto verso. [BArch, B 162 / 26733.]

participation en 1965-1966 aux séjours de recherche à Varsovie et à Prague afin d'y étudier des archives ou encore l'accueil, au mois de décembre 1967, des commissions polonaise et tchèque à Ludwigsburg[109].

En 1969, Dietrich Zeug posa, finalement, sa candidature à un poste de premier procureur dans l'État de la Hesse. Sur ce sujet précis, Adalbert Rückerl a écrit que le départ de ce magistrat était une perte pour la *Zentrale Stelle*. Cela étant, le directeur de l'institution judiciaire a estimé que les vœux du procureur, qui avait accompli pendant plus de dix ans un travail impopulaire, devaient être pris en considération. Dietrich Zeug est, cependant, resté en fonction jusqu'au début du mois de janvier 1971 à Ludwigsburg parce qu'il avait dû attendre pendant quelques mois la libération d'un poste en Hesse. Il est ensuite parti au Parquet près du Tribunal de grande instance de Kassel en tant que chef de section, avant d'en prendre la direction[110].

Comme nous l'avons déjà indiqué, la documentation de la *Zentrale Stelle* contient parfois des indices aussi sur la personnalité des magistrats. À propos de Dietrich Zeug, nous pouvons notamment voir que ce procureur avait su faire preuve, à plusieurs reprises, d'un esprit critique qu'il n'hésitait pas à manifester dans les correspondances bureaucratiques. Le cas suivant en constitue un exemple significatif.

Le Ministère fédéral de la Justice s'était adressé, en octobre 1964, à la *Zentrale Stelle* à la suite de la parution d'un article le 15 septembre de cette même année dans le journal israélien " Jedioth Chadashoth ". L'article en

---

[109] Cf. l'entretien réalisé avec Thomas Will.

[110] *Idem.*

question mentionnait l'existence d'un nombre important de dépositions inculpant des criminels nazis – environ 20 000 à Yad Vashem, 10 000 dans d'autres institutions judiciaires ou historiques – qui n'avaient toujours pas fait l'objet d'un quelconque examen. Devant faire face aux réactions que l'article avait suscitées, le Ministère fédéral de la Justice demandait à la *Zentrale Stelle* si elle avait pris connaissance de ces fonds de dépositions et si, le cas échéant, elle estimait qu'ils pouvaient contribuer au travail de poursuite judiciaire en Allemagne de l'Ouest[111]. Erwin Schüle avait répondu au Ministère par un rapport qui avait été rédigé par Dietrich Zeug, le 28 octobre 1964[112].

Ce rapport faisait état de l'expérience acquise par son auteur au cours de sa mission de cinq mois en Israël dans le cadre du Procès Eichmann. Ce séjour lui avait notamment permis de prendre connaissance à la fois de Yad Vashem et d'autres institutions judiciaires ou historiques concernant la Shoah. Après avoir présenté un minutieux résumé d'informations sur la documentation israélienne, Dietrich Zeug avait conclu son rapport sur la remarque suivante :

« Il s'agit, en ce qui concerne le journal israélien " Jedioth Chadashoth ", selon mon souvenir, d'un journal à sensation auquel on ne devrait pas accorder une si grande importance[113]. »

---

[111] Écrit adressé, le 12 octobre 1964, par le Ministère fédéral de la Justice à la *Zentrale Stelle* de Ludwigsburg, 2 p. [ZSL, Dossiers généraux, Classeur 1-3, Rapports d'activité, Volume 2.]

[112] Prise de position sur l'arrêté du Ministère fédéral de la Justice, 3 p. [ZSL, Dossiers généraux, Classeur 1-3, Rapports d'activité, Volume 2.] Document rédigé par Dietrich Zeug et portant la date du 28 octobre 1964.

[113]*Idem.*

L'article que nous venons de mentionner s'appuyait sur une déclaration de Tuviah Friedman[114], un ancien collaborateur de Dietrich Zeug. Directeur d'un centre de documentation à Haïfa, il avait assisté le magistrat ouest-allemand, au début des années 60, alors que celui-ci conduisait les difficiles enquêtes préliminaires sur Bełżec. En termes plus précis, Tuviah Friedman recherchait les survivants de la Shoah vivant en Israël pour les interviewer conformément au questionnaire qui avait été préparé par Dietrich Zeug. Le 1er octobre 1964, ce dernier avait toutefois rédigé un rapport particulièrement négatif au sujet de son collaborateur[115].

Tuviah Friedman avait proposé, à plusieurs reprises, son aide au procureur à une époque, où la *Zentrale Stelle* n'avait encore établi aucun contact avec la police israélienne. Il s'était, en particulier, déclaré prêt à aider Dietrich Zeug dans la recherche des documents et dans la conduite des entretiens avec les survivants en Israël. Dans son rapport d'octobre 1964, le procureur avait estimé que cette aide n'avait pas vraiment contribué aux enquêtes

---

[114] Originaire de Radom, Tuviah Friedman est lui-même un survivant de la Shoah ; il a perdu presque tous les membres de sa famille au camp de la mort de Treblinka. Sur sa vie, voir le film de Guillaume Moscovitz qui a été réalisé autour d'une interview de Tuviah Friedman. *Tuviah Friedman, chasseur de nazis*, Guillaume Moscovitz, documentaire, France, 2005, 118 minutes. Tuviah Friedman est décédé en janvier 2011 à Haïfa. Les articles de presse européens et américains, annonçant sa disparition, l'ont présenté comme un " chasseur de nazi oublié ".

[115] Cf. le rapport rédigé, le 1er octobre 1964, par Dietrich Zeug pour la Section 8 au sujet de T. Friedman, 3 p. [ZSL, Dossiers généraux, Classeur III-24, Correspondance avec Monsieur Friedmann, Volume 1.] Une note qui se situe au début de ce volume indique que la coopération de Tuviah Friedman avec la *Zentrale Stelle* a duré huit ans, de 1959 à 1967.

préliminaires. Les documents adressés par T. Friedman à Ludwigsburg étaient soit déjà connus, soit ne présentaient aucune utilité. Avec l'instauration d'un contact permanent avec la police israélienne en 1960, la *Zentrale Stelle* ne l'a d'ailleurs plus sollicité. L'échange de correspondances entre la Section 8 et T. Friedman s'est dès lors limité à confirmer à ce dernier que ses lettres avaient bien été réceptionnées par la *Zentrale Stelle*. Bien que les informations fournies par T. Friedman aient été également transmises aux parquets concernés, aucune présomption de culpabilité sérieuse n'avait pu être établie à partir des indices communiqués par le directeur du Centre de documentation de Haïfa. Dietrich Zeug a, par ailleurs, accusé son ancien collaborateur d'avoir partagé des informations confidentielles avec la presse. Le procureur l'avait informé de l'ouverture d'une enquête préliminaire concernant cinq ou six accusés principaux, en lui précisant que la *Zentrale Stelle* n'avait pas encore réuni de preuves suffisantes pour les inculper. T. Friedman, qui n'avait pu assister D. Zeug dans ce cas non plus, avait alors déposé, quelques mois plus tard, une plainte contre ces accusés auprès d'une autre instance judiciaire ouest-allemande, tout en se plaignant de ce que rien n'avait été entrepris contre ces criminels[116].

Le procureur Zeug a conclu son rapport en soulignant que, d'après les discussions qu'il avait eues avec les membres de la police israélienne et Yad Vashem, Tuviah Friedman n'était pas réellement pris au sérieux dans son propre pays :

« Monsieur Friedman se qualifie certes de " directeur " de l'Institut de documentation en Israël pour l'investigation des

---

[116]*Idem.*

crimes de guerre nazis. Il ne s'agissait, ici, pourtant, pas, du moins encore récemment, d'un établissement public israélien, mais de l'entreprise privée d'un seul homme[117]. »

Trois années plus tard, Tuviah Friedman est venu visiter la *Zentrale Stelle* ; il y a rencontré Adalbert Rückerl et Dietrich Zeug et leur a demandé l'autorisation de photocopier des documents, certains d'entre eux concernant des enquêtes préliminaires en cours. Cela n'était évidemment pas possible, ce type de documents étant uniquement communiqués à des établissements qui contribuaient au travail de poursuite judiciaire des crimes nationaux-socialistes. L'après-midi de cette même journée, T. Friedman avait appelé D. Zeug et " [s'était] plaint d'une manière presque récriminatrice durant une conversation téléphonique interminable " : il avait reproché à la *Zentrale Stelle* de ne pas lui avoir communiqué de documents qui étaient pourtant indispensables pour ses conférences, et ce, malgré leur coopération de longue date. À la suite de quoi, D. Zeug s'était contenté de conseiller à T. Friedman d'adresser une demande de documents par écrit pour voir ce que l'institution était en mesure de lui communiquer[118].

Près de trente-sept années plus tard, T. Friedman a repris contact avec la nouvelle équipe de la *Zentrale Stelle*. À cette occasion, il a souligné, encore une fois, sa coopération passée avec l'institution judiciaire. Il souhaitait aussi envoyer à la bibliothèque un exemplaire

---

[117] *Idem*. Le mot est souligné dans le texte original par Dietrich Zeug lui-même.

[118] Note rédigée, le 15 septembre 1967, par Dietrich Zeug, 2 p. [ZSL, Dossiers généraux, Classeur III-24, Correspondance avec Monsieur Friedmann, Volume 1.]

de la documentation qu'il avait réunie au cours de ses années de travail[119].

En outre, T. Friedman a fait part de son souhait à Kurt Schrimm de proposer la *Zentrale Stelle* au Prix Nobel de la paix et à la Croix fédérale du mérite qui est la plus haute distinction décernée par l'État allemand : un projet pour lequel il avait déjà entrepris des démarches auprès de diverses personnalités. L'équipe de Ludwigsburg ayant reçu le soutien de Simon Wiesenthal, de Beate Klarsfeld et, bien évidemment, de Tuviah Friedman lui-même, ce dernier proposait le partage de l'honneur de la distinction entre ces quatre noms[120]. Une lettre adressée, le 15 novembre 2004, par Tuviah Friedman à Richard von Weizsäcker, revenait sur ce sujet précis de la proposition de ces quatre noms[121]. Un ami du directeur du Centre de documentation de Haïfa, Herbert Schein, a, par la suite, également contacté le Bureau du président de la République fédérale pour demander – entre autres informations – l'invitation de Tuviah Friedman à la commémoration du 60ème anniversaire de la fin de la guerre à Berlin et la proposition de son nom pour l'obtention de la Croix fédérale du mérite[122]. Face à une

---

119 Lettre adressée, le 10 novembre 2004, par Tuviah Friedman à Kurt Schrimm, 2 p. [ZSL, Dossiers généraux, Classeur III-24, Coopération avec l'Institut de Friedman à Haïfa.]

120 Cf. la lettre adressée, le 17 novembre 2004, par Tuviah Friedman à Kurt Schrimm. [ZSL, Dossiers généraux, Classeur III-24, Coopération avec l'Institut de Friedman à Haïfa.]

121 Lettre adressée, le 15 novembre 2004, par Tuviah Friedman à Richard von Weizsäcker. [ZSL, Dossiers généraux, Classeur III-24, Coopération avec l'Institut de Friedman à Haïfa.]

122 Lettre adressée, le 28 février 2005, par Herbert Schein au Bureau du président de la République fédérale. [ZSL, Dossiers généraux, Classeur III-24, Coopération avec l'Institut de Friedman à Haïfa.]

telle proposition, la Chancellerie des décorations a précisé, dans sa réponse à Herbert Schein, que l'attribution de la Croix fédérale du mérite devait satisfaire à de strictes conditions et nécessitait, au préalable, une longue procédure d'examen du candidat à laquelle devaient participer différentes institutions[123]. Malgré ce critère, Tuviah Friedman et Herbert Schein n'avaient pas, pour autant, renoncé à aborder la possibilité d'une telle proposition, lors de leur visite du 7 avril 2005 à la *Zentrale Stelle*. S'appuyant encore une fois sur l'argument de la coopération de longue date avec l'équipe de Ludwigsburg, les deux visiteurs avaient sollicité le soutien de Kurt Schrimm dans leur démarche. En termes plus précis, ils avaient demandé à Joachim Riedel que la *Zentrale Stelle* rédige une recommandation destinée au Bureau du président de la République fédérale pour la proposition de Tuviah Friedman, de Simon Wiesenthal et de Beate Klarsfeld à la Croix fédérale du mérite en raison du travail qu'ils avaient accompli dans le domaine de la poursuite judiciaire des crimes nationaux-socialistes. Ce à quoi J. Riedel réagit simplement, en indiquant qu'il transmettrait ce souhait à Kurt Schrimm, à son retour à la *Zentrale Stelle*[124].

La direction de l'institution judiciaire n'écrivit toutefois jamais de recommandation en faveur de Tuviah Friedman, ce dernier ayant tendance à surestimer

---

[123] Lettre adressée, le 21 mars 2005, par le Bureau du président de la République fédérale – Chancellerie des décorations à Herbert Schein, 2 p. [ZSL, Dossiers généraux, Classeur III-24, Coopération avec l'Institut de Friedman à Haïfa.]

[124] Note rédigée, le 12 avril 2005, par Joachim Riedel. [ZSL, Dossiers généraux, Classeur III-24, Coopération avec l'Institut de Friedman à Haïfa.]

l'importance de sa coopération avec l'équipe de Ludwigsburg :

« Par mon initiative, les autorités, parquets et instances judiciaires allemands de toutes les régions de l'Allemagne se sont adressés à la police et justice israéliennes pour auditionner les témoins[125]. »

Ainsi, la *Zentrale Stelle* a-t-elle vécu, à deux reprises, une expérience négative avec le même " collaborateur ", montrant ainsi qu'elle a une " faible mémoire ". Les nouvelles équipes de Ludwigsburg ignoreront, également, le nom de Dietrich Zeug qui avait pourtant accompli un travail important de justice à une période où ce travail n'était pas vraiment reconnu en Allemagne de l'Ouest. Les dossiers généraux contiennent une dernière trace de lui. Son épouse, Gertraud Zeug, a rempli le formulaire d'invitation qui leur avait été adressé par la *Zentrale Stelle* pour le 40ème anniversaire de l'institution. Elle, non plus, ne s'est pas contentée de cocher la case indiquant qu'ils ne pourraient pas participer à la rencontre à Ludwigsburg ; elle a écrit au dos du formulaire les lignes suivantes :

« Cher Monsieur Dreßen !

Je serais venue avec plaisir…[126], j'aurais dû venir de Kassel le 1.12 et je n'ai pas voulu courir le risque de me retrouver seule le soir à l'hôtel de Ludwigsburg. Pour cela, j'ai téléphoné aux Hupfers à Nuremberg et j'ai appris à cette occasion qu'on avait

---

[125] Cf. la préface qu'il a rédigée pour l'un de ses dossiers qu'il a constitué à partir de ces correspondances avec la *Zentrale Stelle* : « Die Korrespondenz 1959-1990 (La correspondance 1959-1990) », dossier publié en octobre 1993. [ZSL, Dossiers généraux, Classeur III-24, Coopération avec l'Institut de Friedman à Haïfa.]

[126] Segment de phrase illisible.

déjà décommandé [l'invitation] pour les mêmes raisons sans en fournir le motif. Votre invitation a abouti [au fait] que j'ai accepté une invitation pour le 2.12 chez les Hupfer. Ainsi, irons-nous à Nuremberg commémorer la *Zentrale Stelle* ; [nous] souhaitons que la cérémonie se déroule bien et faisons toutes nos amitiés à tous les anciens (1965-1970) et à vous-même !

Gertraud Zeug

Note : [notre] plus jeune fils né en 1970 à Ludwigsburg vient de commencer en tant qu'assesseur au parquet de Munich I[127] ; dommage que son père ne l'ait pas vu[128]. »

---

[127] C'est un hasard de la vie qu'Andreas Zeug ait commencé sa carrière judiciaire précisément au parquet dont son père avait critiqué, au début des années 60, en particulier son arrêt sur le dossier de Bełżec.

[128] Formulaire rempli, le 6 novembre 1998, par Gertraud Zeug, 1 page recto verso. [ZSL, Dossiers généraux, Classeur 41-90, 40 ans d'existence de la *Zentrale Stelle* de Ludwigsburg, Volume 2.] Dietrich Zeug avait annoncé dix ans plus tôt qu'il ne pourrait pas participer au 30ème anniversaire de la *Zentrale Stelle* parce qu'il partait à la même période en vacances. Cf. la lettre adressée, le 8 août 1988, par Dietrich Zeug à Alfred Streim. [ZSL, Dossiers généraux, 41-90, Les 30 ans d'existence de la *Zentrale Stelle* de Ludwigsburg, Volume 2.]

Chapitre 3

Contre vents et marées : la *Zentrale Stelle* et la société allemande

La *Zentrale Stelle* ne fut pas accueillie à bras ouverts ni par la société allemande, ni par la ville de Ludwigsburg. Ceci est un fait mentionné dans la majorité des travaux historiques et judiciaires portant sur cette institution, même si ce n'est évidemment plus le cas aujourd'hui :

« Vous le savez bien, nous fûmes ici pendant longtemps assez solitaires. À présent, nous sommes toutefois intégrés dans la société de Ludwigsburg…[129] »

Les magistrats ouest-allemands de la *Zentrale Stelle* ont en effet, pour ce qui est notamment des premières décennies d'existence de l'institution judiciaire, mené une vie plutôt retirée à Ludwigsburg. Ceux qui venaient d'y arriver recevaient de la direction le conseil judicieux de ne pas révéler le nom de leur lieu de travail, lors de leurs contacts avec les habitants de la ville[130] : l'expérience préalable ayant montré qu'un employé de la *Zentrale Stelle* pouvait se voir refuser la location d'un appartement ou une course en taxi. Si Bernhard Daenekas, qui a fait partie de l'équipe de Ludwigsburg de 1965 à 1971, avait

---

129 « Die Bedeutung der Zentralen Stelle für Justiz und Geschichtswissenschaft (La signification de la *Zentrale Stelle* pour la justice et la science historique) », procès-verbal du débat public dirigé par Alfred Streim, 47 p. [ZSL, Dossiers généraux, Classeur 41-90, Les 30 ans d'existence de la *Zentrale Stelle* de Ludwigsburg, Volume I.]

130 Cf. l'interview de Günther Herbst, un fonctionnaire de la justice, réalisée à Ludwigsburg, le 16 octobre 2002, par Marc von Miquel, dossier déjà cité, folio 151. Günther Herbst, qui a fait partie de l'équipe de Ludwigsburg dès 1968, est devenu à partir de 1983 le responsable administratif de la *Zentrale Stelle*.

pu informer ses hôtes de son lieu de travail, il avait, en revanche, pris l'habitude de descendre du taxi un peu avant sa destination finale, quand il se rendait à l'institution[131]. Willi Dreßen avait reçu le même conseil en 1967, dès son arrivée à la *Zentrale Stelle*, par Adalbert Rückerl :

« Quand j'étais là le premier jour, Adalbert Rückerl m'a dit : " ne dites surtout pas que vous êtes à la *Zentrale Stelle*, sinon vous aurez des difficultés à obtenir une chambre. " Et ce fut ainsi. Dans la ville, l'institution n'était pas bien vue. Quand des visiteurs venaient chez nous – les premiers visiteurs qui travaillent ici majoritairement [du point de vue] scientifique, venaient déjà à l'époque - il arrivait que les chauffeurs de taxi leur ont dit : " Prenez-en un autre. Je ne vous [y] conduis pas [132]. " »

Gisbert Peters a même évoqué quelques cas extrêmes où des membres de l'équipe de Ludwigsburg avaient été molestés lors de disputes[133]. Ce même inspecteur de la police judiciaire a aussi mentionné une attaque au cocktail Molotov contre la *Zentrale Stelle*[134].

Non seulement, la *Zentrale Stelle* préférait passer inaperçue dans la ville de Ludwigsburg, mais les

---

131 Cf. l'interview de Bernhard Daenekas réalisée à Leer, le 23 novembre 2002, par Marc von Miquel, dossier déjà cité, folios 69-70.

132 Cf. l'interview déjà citée de Willi Dreßen, folio 106.

133 Kurt Hettrich a mentionné le même fait. Cf. l'interview de Kurt Hettrich réalisée à Altenkirch / Pfalz, le 23 octobre 2002, par Marc von Miquel, dossier déjà cité, folio 164. Kurt Hettrich a été affecté à l'équipe de Ludwigsburg de 1969 à 1977. Il y a travaillé sur les sites annexes des camps de concentration de Mauthausen, d'Auschwitz et de Natzweiler.

134 Cf. l'interview de Gisbert Peters réalisée à Leverkusen, le 12 novembre 2002, par Marc von Miquel, dossier déjà cité, folio 244. Gisbert Peters a été membre de la *Zentrale Stelle* de 1968 à 1981. Il y a été responsable du fichier des documents.

membres de son équipe tendaient parfois également à dissimuler jusqu'à leurs familles la nature de leurs missions qui s'inscrivaient pourtant dans un travail de justice. Certains cherchaient ainsi à protéger leurs proches, d'autres se taisaient parce qu'ils savaient qu'ils ne seraient pas compris par leur entourage. Bernhard Daenekas, pour prendre son exemple, a parlé de son travail uniquement à sa femme et à son beau-père qui avait été persécuté sous le régime national-socialiste. Craignant d'être agressé par l'extrême-droite, il n'a révélé à son fils que beaucoup plus tard la fonction qu'il exerçait à Ludwigsburg[135].

Les lettres diffamatoires anonymes adressées à la *Zentrale Stelle* ne manquaient pas, en effet : celle-ci en a reçu jusque dans les années 90. Willi Dreßen s'est précisément rappelé de la lettre que l'équipe de Ludwigsburg avait reçue au lendemain du décès d'Alfred Streim. Cette lettre se réjouissait de la disparition du directeur de la *Zentrale Stelle,* tout en menaçant Willi Dreßen, son successeur, de faire exploser l'institution judiciaire.

Un dossier élaboré par le Dr. Artzt mentionne également la publication d'une telle menace dans un journal régional, le *Ludwigsburger Kreiszeitung*. Il s'agissait, plus précisément, d'un extrait de lettre rédigée par l'AWD : *Aktive Wiederstandsbewegung Deutschlands* (Le mouvement de résistance active de l'Allemagne). Cette lettre, dont une copie avait également été envoyée au premier bourgmestre de la ville, informait la population de Ludwigsburg d'une explosion à la *Zentrale Stelle,* prévue pour la seconde moitié de l'année 1966. L'AWD

135 Voir l'interview déjà citée de Bernhard Daenekas, folio 94.

avertissait, par conséquent, en particulier, les propriétaires des maisons situées à 500 mètres de l'institution, en vue de prévenir la mort de citoyens innocents[136].

Confrontés à ces menaces, les membres de l'équipe de Ludwigsburg ont dû recourir à des mesures de sécurité qui, souvent, ont contribué à leur gâcher la vie. Ainsi, Willi Dreßen disposait-il d'un numéro de téléphone secret. Adalbert Rückerl, quant à lui, est allé jusqu'à réclamer une protection officielle. À la suite de quoi, deux officiers de la police ont été postés, de manière permanente, devant son domicile, tandis qu'une autre équipe le suivait dans tous ses déplacements extérieurs [137].

Dans ce contexte particulièrement tendu, l'enterrement de Josef " Sepp " Dietrich[138] au mois d'avril 1966 dans la ville de Ludwigsburg a laissé craindre que ces menaces d'attaque, jusqu'alors verbales, ne deviennent bien réelles. À l'époque, la police ouest-allemande s'attendait à ce que de milliers de sympathisants nationaux-socialistes participent à l'événement. Elle avait, par conséquent, adopté toutes les mesures de sécurité nécessaires, afin de prévenir le moindre incident qui aurait considérablement nui à l'image internationale de l'Allemagne. Günther Herbst, qui s'est souvenu des jours précédant cet événement, a

---

[136] « Kuriositäten gesammelt und aufgezeichnet bei der Zentralen Stelle (Singularités rassemblées et notées à la *Zentrale Stelle*) », folio 13. [BArch, B 162 / 62.] Document rédigé par le Dr. Artzt et portant la date du 31 mai 1977.

[137] Cf. l'interview de Willi Dreßen, folio 109.

[138] Josef " Sepp " Dietrich était le commandant de la *SS-Leibstandarte* Adolf Hitler (la garde personnelle de Hitler) et un membre haut gradé de la *Waffen-SS*.

raconté à Marc von Miquel que la police avait pris quartier dans quelques salles de la *Zentrale Stelle* afin de pouvoir, éventuellement, intervenir promptement en cas d'attaque perpétrée par des manifestants extrémistes[139].

Dans leurs milieux professionnels aussi, les membres de l'équipe de Ludwigsburg ont souvent dû affronter des réactions plutôt négatives, voire des accusations purement fantaisistes leur reprochant de "cracher dans leur propre soupe[140] ". Berthold Klein, un autre procureur de l'équipe de Ludwigsburg, a affirmé, quant à lui, qu'il n'évoquait pas avec tout le monde cette question de la poursuite judiciaire des crimes nationaux-socialistes. Il " sélectionnait " en quelque sorte ses interlocuteurs ; il expliquait ce qu'il faisait à la *Zentrale Stelle* à ses seuls collègues ou encore à des connaissances qui portaient un véritable intérêt au sujet et qui, surtout, ne l'approchaient pas pour provoquer une polémique[141]. Willi Dreßen fut un autre magistrat qui s'est heurté à l'incompréhension de ses beaux-parents. Ces derniers croyaient qu'un tel travail de justice ne pourrait plus servir à grand-chose et

---

[139] G. Herbst a ajouté qu'il avait décidé, le jour de l'enterrement, de partir avec sa famille dans le nord de l'Allemagne. Cf. l'interview de Günther Herbst, folio 151.

[140] Le terme allemand est *Nestbeschmutzer* ; on pourrait le traduire littéralement comme celui qui salit son nid. Il a surtout été utilisé pour qualifier l'équipe spéciale de policiers affectée à la *Zentrale Stelle* de Ludwigsburg. Cf. l'interview de Gisbert Peters, folio 245.

[141] Cf. l'interview de Berthold Klein réalisée à Homburg / Saar, le 24 octobre 2002, par Marc von Miquel, dossier déjà cité, folio 221. Berthold Klein a été affecté à la *Zentrale Stelle* à deux reprises : de 1969 à 1972, il a travaillé sur les crimes nationaux-socialistes perpétrés en France, en Belgique et en Hollande. Puis, de 1987 à 1989, il est revenu à Ludwigsburg pour étudier les listes de l'UNWCC : l'abréviation correspondant à l'*United Nations War Crimes Commission*.

suspectaient, en outre, leur beau-fils de lézarder dans les locaux de Ludwigsburg[142].

Cette prudence qui les invitait à mener une vie retirée à Ludwigsburg a tout naturellement rapproché les membres de la *Zentrale Stelle,* les uns des autres. Kurt Hettrich a même évoqué l'existence d'une certaine situation de " ghetto[143] ". Pendant les week-ends, la plupart d'entre eux partaient d'ailleurs retrouver leurs familles qui étaient restées dans leurs villes d'origine[144]. Comme ils avaient été affectés à l'institution judiciaire seulement pour une courte période provisoire, les magistrats choisissaient souvent de ne pas emmener leurs conjoints et enfants à Ludwigsburg.

Ce retrait de l'équipe de Ludwigsburg a donc favorisé l'émergence d'une ambiance de travail positive à l'institution, dont les effets se sont fait ressentir jusque dans les activités sociales. Les membres de la *Zentrale Stelle* avaient, en effet, organisé différents groupes de musique, de littérature et de bowling. Ils faisaient aussi du sport ensemble. Étant donné cette situation, il ne faut guère s'étonner de ce que Willi Dreßen ait compté dix-sept mariages conclus, comme par exemple celui de Dietrich Zeug et de Gertraud Heipke, à l'intérieur de l'institution judiciaire[145].

---

142 Cf. l'interview de Willi Dreßen, folio 107.

143 Cf. l'interview de Kurt Hettrich, folio 164.

144 Parmi plusieurs autres exemples, voir l'interview de Curt Becker réalisée à Magdeburg, le 7 novembre 2002, par Marc von Miquel, dossier déjà cité, folio 19.

145 Cf. l'interview de Willi Dreßen, folio 106. Les activités sportives – le volleyball, le tennis de table, le football – ont permis, par la suite, aux membres de la *Zentrale Stelle* de nouer lentement des contacts avec les habitants de Ludwigsburg.

On trouve donc dans les réactions négatives manifestées par la population de Ludwigsburg vis-à-vis de la *Zentrale Stelle,* effectivement, une touche d'antisémitisme et de racisme non-négligeable. À titre d'exemple, l'auteur d'une lettre anonyme non datée et adressée à Erich Nellmann, l'un des pères fondateurs de cette institution judiciaire, trouvait le nom du magistrat " bizarre " ; il cherchait fort probablement à insinuer qu'il s'agissait d'un nom non-allemand, mais juif. Ce faisant, l'auteur anonyme avait écrit dans sa lettre les lignes suivantes :

« N'écririez-vous pas à la presse un CV sur votre personne ? N'avez-vous jamais été un soldat allemand et où avez-vous servi pendant la guerre ? Ou – seriez-vous aussi Juif ? Dans notre Allemagne contemporaine tout serait possible ! Le fait qu'un Juif se sente aujourd'hui, malgré tout le passé, déjà chez soi, aussi[146]. »

Cette touche antisémite et raciste, seule, ne suffit cependant pas à expliquer le rejet du travail de justice accompli par l'institution judiciaire par la population allemande. Les lettres – anonymes ou signées – qui ont été adressées par différents citoyens allemands au Ministère de la Justice du Bade-Wurtemberg, dès la diffusion dans la presse de la nouvelle de la fondation de la *Zentrale Stelle,* apportent sur ce sujet des informations marquantes. La critique principale qui apparaît, dans certaines lettres, consiste à reprocher à l'équipe de Ludwigsburg de ne pas enquêter sur les crimes perpétrés à la fin de la Seconde Guerre mondiale contre des civils allemands : un thème

[146] BArch, B 162 / 20482, document non-numéroté.

délicat qui fut longtemps tabou dans l'espace public fédéral[147].

Une lettre anonyme de Braunschweig, qui porte la date du 2 décembre 1958, livre un autre renseignement intéressant. L'auteure de cette lettre se présente comme " une femme et mère allemande qui parle certainement au nom de plusieurs [autres personnes] ". Elle raconte qu'elle a fui la Tchécoslovaquie avec ses deux petits garçons. Que cela a été un long trajet au cours duquel elle a été battue, mise en prison sans nourriture et affectée à des travaux forcés de voirie. Cette femme allemande critique, par conséquent, le fait que les crimes perpétrés contre les civils allemands aient été finalement passés sous silence dans le travail de justice envisagé par la République fédérale. Elle estime, de même, que la poursuite des crimes nationaux-socialistes commis sous le IIIe *Reich*, aboutirait en fin de compte à la mise en accusation générale de l'ensemble du peuple allemand[148]. Une autre lettre adressée, le 10 octobre 1958, à Erich Nellmann par Friedrich Zehender, un ingénieur de Schorndorf, avant même l'entrée en fonction de la *Zentrale Stelle*, reprend les mêmes réserves à l'égard de l'institution judiciaire dont il a appris l'existence dans la presse :

« Votre projet et celui de la justice fédérale allemande sont justes et louables.

---

[147] Il faudra, en effet, attendre la parution de l'ouvrage intitulé *Im Krebsgang* de Günther Grass pour voir l'émergence d'un véritable débat sur le thème des victimes allemandes de la Seconde Guerre mondiale dans l'espace public allemand et européen. Cf. Grass Günther, *Im Krebsgang* (En Crabe), Göttingen, Steidl, 2002, 216 p.

[148] Voir la lettre anonyme de quatre pages rédigées recto verso sur des feuilles arrachées à un cahier petit format. [BArch, B 162 / 20484, folios 18 à 21.]

Seulement j'ai l'impression que la catégorie [de crimes] que l'on a choisie est beaucoup trop étroite.

Des crimes impunis sont : la guerre aérienne, Rotterdam, Dresde. En fin de compte, c'est la même chose ; je regrette de devoir vous dire qu'entre les massacres de Belsen, les massacres des camps de concentration, les assassinats de Rotterdam, je ne trouve pas de différence. De même, je ne trouve pas de différence entre les vains assassinats de masse à Dresde et les massacres de Lidice.

...

Les procès ne vont pas renforcer le sens de la justice, de nouveaux facteurs d'insécurité naîtront[149]. »

Si Friedrich Zehender reconnaît parfaitement la culpabilité des nazis dans les crimes de la Seconde Guerre mondiale, il souligne en même temps les conséquences de l'utilisation de la bombe atomique lancée à deux reprises par les États-Unis contre le Japon, conséquences qui – selon lui – sont plus néfastes que la totalité de la guerre hitlérienne[150]. La lettre de Friedrich Zehender lui a valu l'ouverture d'une enquête préliminaire qui a été diligentée par le Commissariat de police de Stuttgart[151] : les idées qui y étaient formulées par l'ingénieur ayant été

---

[149] Lettre adressée, le 10 octobre 1958, par Friedrich Zehender à Erich Nellmann, 1 page recto verso manuscrite. [BArch, B 162 / 20482, document non numéroté.] Les mots sont soulignés dans le texte original par l'auteur lui-même.

[150] *Idem.*

[151] Écrit adressé, le 31 octobre 1958, par le Commissariat de police de Stuttgart – Bureau de police judiciaire externe de Waiblingen à la Direction de la police régionale du Nord Wurtemberg, 1 p. [BArch, B 162 / 20482, document non numéroté.] Une accusation d'homicide par imprudence dont F. Zehender fut acquitté et une infraction au code de la route ont résulté de l'enquête préliminaire en question.

également défendues et longtemps exprimées par les seuls milieux de l'extrême droite[152].

Des années plus tard, Bernhard Daenekas s'est rappelé cette même réticence manifestée, en particulier, par les gens âgés à l'égard du travail de justice de la *Zentrale Stelle*, un travail qui leur apparaissait incomplet :

« Les gens âgés n'ont pas de compréhension pour cela, car ils disent ensuite : " Les autres ont bombardé les villes entières. Ça, vous devez poursuivre une fois ! Ils ont bombardé des civils innocents ! Ne poursuivez-vous pas cela ? Alors je reconnaîtrais votre travail aussi, mais pas si vous enquêtez d'un seul côté. Cela est bien une justice des vainqueurs "[153]. »

Les magistrats ouest-allemands, ayant eux-mêmes vécu la guerre, semblent ne pas s'être montrés indifférents, non plus, à cette catégorie de crimes. Une première ébauche de l'accord administratif qui avait été élaborée par le Ministère de la Justice du Bade-Wurtemberg, contenait, sur ce point précis, une disposition proposée par le Ministère de la Justice de la Bavière. Cette disposition prévoyait d'étendre la compétence de la *Zentrale Stelle* aux crimes impunis qui avaient été perpétrés, en dehors des frontières de la République fédérale, contre les Allemands par les Allemands ou d'autres personnes placées sous la juridiction allemande, en captivité, pendant l'expulsion, l'expatriation forcée ou encore durant la période d'insécurité provoquée par le chaos de l'après-guerre immédiat. Cependant, cette disposition n'a pas été

---

[152] Cf. le rapport sur la réunion du " bloc allemand " – l'Association du district de Stuttgart, le 24 octobre 1958 à Stuttgart, à l'Auberge " Unsere Stadt ". Ce rapport a été élaboré, le 25 octobre 1958, par la Direction de la police régionale du Nord Wurtemberg – Bureau principal de la police judiciaire. [BArch, B 162 / 20482, folios 63 à 70.]

[153] Cf. l'interview déjà citée de Bernhard Daenekas, folio 95.

retenue dans la version finale de l'accord administratif, quelques ministères de la Justice ayant refusé de l'approuver[154].

Malgré l'abondance de critiques, les magistrats ouest-allemands ont également reçu, au début de leur travail, des lettres d'encouragement[155], même si là encore ils ont parfois été confrontés à une critique d'une autre nature. L'Association des persécutés du régime nazi de Francfort a ainsi déploré que ce travail de justice n'ait commencé que treize années après la guerre. De même, elle a insisté – à juste titre – sur la nécessité que la nouvelle institution judiciaire n'inclue en aucun cas des juges et des procureurs ayant exercé cette fonction sous le IIIe Reich[156].

Il convient, ici, de préciser que la *Zentrale Stelle* a continué de recevoir de nombreuses lettres en ce sens au cours des décennies suivantes. Un petit dossier constitué en mai 1977 par le Dr. Heinz Artzt rappelle avec beaucoup d'humour que l'équipe de Ludwigsburg n'a pas toujours été confrontée à des réactions de nature purement juridique[157].

---

154 Écrit adressé, le 22 novembre 1958, par le Ministère de la Justice du Bade-Wurtemberg au Ministère d'État du Bade-Wurtemberg, 2 p. [ZSL, Dossiers généraux, Classeur 41-1, Instauration et compétence de la *Zentrale Stelle*, Volume I.] Le document est signé par le Dr. Wolfgang Haußmann.

155 Lettre adressée, le 10 septembre 1958, à Erich Nellmann par Madame Drewes de Brême, 1 p. [BARch, B 162 / 20482, folio 38.]

156 Lettre adressée, le 9 septembre 1958, par l'Association des persécutés du régime nazi à Erich Nellmann. [BARch, B 162 / 20482, folios 1 à 2.]

157 « Kuriositäten gesammelt und aufgezeichnet bei der Zentralen Stelle (Singularités rassemblées et notées à la *Zentrale Stelle*) », 16 p. [BArch, B 162 / 62.] Document rédigé par le Dr. Artzt et portant la date du 31 mai 1977 ; désormais le dossier du Dr. Artzt.

Le dossier en question commence par une mise en garde de son auteur :

« Le travail de la *Zentrale Stelle* n'est sûrement pas, face au souvenir presque quotidien des assassinats cruels de millions de personnes, de nature à accorder une place à l'humour et à la plaisanterie. Et cependant, il existe des événements ou incidents en marge du travail quotidien qui n'ont directement ou absolument plus rien à voir avec la tragédie des événements réels eux-mêmes. Ainsi, l'évaluation et l'estime de la *Zentrale Stelle* dans l'opinion publique vont, par exemple, de l'approbation confiante au refus froid, jusqu'à la haine et aux menaces fâcheuses. L'adresse révèle déjà souvent de quel endroit la lettre vient[158]. »

Le nom exact de l'institution judiciaire – *Zentrale Stelle der Landesjustizverwaltungen zur Aufklärung von nationalsozialistischen Verbrechen* – figure dans ces correspondances - comme l'a souligné le Dr. Arzt – sous des formes abrégées. Dans quelques lettres datées de 1964, on trouve notamment les noms suivants : " *die Zentrale Verbrecher-Stelle Ludwigsburg* (l'Office central des criminels) ", " *die Sammelstelle für NS-Verbrecher* (le lieu de rassemblement pour les criminels nationaux-socialistes) " ou " *das Zentralbüro des 3. Reiches* (le bureau central du 3. *Reich*) "[159].

« Celui qui s'adresse cependant à la *Zentrale Stelle* de Ludwigsburg comme institution intermédiaire, a dû savoir quelque chose du fait que notre établissement a aussi servi de terrain favorable à de nombreuses fiançailles et mariages parmi les membres de notre établissement[160]. »

" À un niveau un peu plus raffiné ", le nom attribué à la *Zentrale Stelle* prend les formes suivantes : " la chambre

---

[158]*Ibid.*, folio 1.

[159] *Ibid.*, folios 1 et 2.

[160]*Ibid.*, folio 3.

des juristes pour les délits nationaux-socialistes " ou encore " le tribunal de poursuite de Ludwigsburg ", tandis que l'auteur de la lettre parlant seulement " d'association pour les persécutés nationaux-socialistes " montrait – selon le Dr. Artzt - qu'il " n'était pas si cultivé [du point de vue] juridique[161] ".

La croyance selon laquelle la *Zentrale Stelle* aurait été financée et inspirée par les Juifs apparaissait comme une certitude pour une catégorie d'Allemands qui avaient pris la peine d'écrire à l'équipe de Ludwigsburg. Ceux-ci s'étaient adressés " à l'Office de justice juif pour les crimes nationaux-socialistes", " au parquet juif de Ludwigshafen ", voire " à l'Office central pour la persécution des Juifs[162] " et " au parquet pour la Solution finale de la question juive, Ludwigsburg [163] ", même si dans les deux derniers exemples, il est tout à fait clair que les auteurs n'avaient pas vraiment saisi la nature et la fonction de l'établissement qu'ils contactaient.

Le reproche qui était adressé à la *Zentrale Stelle* selon lequel elle poursuivrait, en réalité, des soldats courageux, réapparaît dans l'ensemble de ces correspondances sous des formes très diverses[164]. Le Dr. Artzt conclut son dossier de seize pages avec un tel exemple qu'il présente de la manière suivante :

« Si pourtant un Souabe pense que nous faisons quelque chose d'injuste, alors il lui manque toute sévérité menaçante et il fait ainsi appel à notre conscience, en dialecte souabe, de l'Argentine : " ... Je lui [Schüle] ai écrit qu'il ne peut tout de même aucunement concilier avec sa conscience juridique et

---

[161] *Idem.*

[162] *Ibid.*, folio 4.

[163] *Ibid.*, folio 9.

[164] *Ibid.*, folio 13.

humaine le fait de poursuivre des compatriotes et de [leur] coller des amendes, tant que, de l'autre côté, de véritables criminels de guerre contre les Allemands pouvaient malgré leurs délits se promener sans être punis[165]. " »

Face à l'ensemble de ces réactions de nature plutôt négative, il convient, cependant, de souligner, ici, encore une fois, que le travail de la *Zentrale Stelle* est aujourd'hui largement reconnu par la société allemande aussi. Ce fait, incontestable, n'a pourtant pas empêché la direction de la *Zentrale Stelle* d'agir, avec toute la promptitude nécessaire, dès la découverte, en février 2005, de graffitis SS et de croix gammée dessinées sur le mur externe du bâtiment du 58-rue Schorndorfer, qui se situe à l'intersection des rues Jägerhofallee et Fuchshofstraße[166]. Même s'il devait plutôt s'agir d'une mauvaise plaisanterie que d'une menace néo-nazie bien réelle, l'incident a suscité un dynamique échange de correspondances réunies dans un dossier qui n'a été clos par le Dr. Riedel que lorsque ces graffitis ont été effacés en juillet 2005 par le Bureau public des biens et des bâtiments[167].

---

[165] *Ibid.*, folio 15. C'est la version allemande, écrite en dialecte souabe qui ne peut empêcher son lecteur de sourire : « ... I han em [Schüle] g'schriaba, dass er's doch net mit sei'm jurischtischa ond menschlicha G'wissa omeglich vereibara ka, Landsleut z'verfolga ond z'verdonnera, solang schwere Kriegsverbreche an Deutsche uff der Gegaseit fir ihre Otata straflos romlaufa dirftet. »

[166] Cf. le rapport du 4 février 2005 envoyé par P. Novotny au responsable administratif de la *Zentrale Stelle*, 1 p. [ZSL, Dossiers généraux, Classeur 1-181, Gribouillages nationaux-socialistes à la *Zentrale Stelle*, 8 folios.]

[167] Voir la lettre adressée, le 24 mai 2005, par la *Zentrale Stelle* de Ludwigsburg au Bureau public des biens et des bâtiments, ainsi que le rapport du 15 juillet 2005 écrit par P. Novotny et envoyé à R. Hanußek. [ZSL, Dossiers généraux, Classeur 1-181, Gribouillages nationaux-socialistes à la *Zentrale Stelle*, 8 folios.]

Chapitre 4

Les visiteurs de la *Zentrale Stelle* de Ludwigsburg

Malgré toutes les critiques formulées à l'encontre de la *Zentrale Stelle* par les citoyens allemands, cette institution judiciaire a rempli, de plus, outre sa fonction judiciaire, une mission de nature diplomatique : une tâche assumée, tout naturellement, par l'équipe de Ludwigsburg qui a ainsi fortement contribué à l'amélioration de l'image de la République fédérale en Israël et dans les pays européens ayant connu l'occupation nationale-socialiste.

La *Zentrale Stelle* a, en effet, accueilli, entre autres catégories de visiteurs, des dirigeants politiques étrangers qui, à la suite de leur bref séjour à l'institution judiciaire, ont commencé à voir d'un autre œil le nouvel État allemand. La visite de deux délégations – l'une de Montbéliard, l'autre de Caerphilly - composées chacune d'entre elles de 14 personnes, en fournit un premier exemple. Cette visite du 15 avril 1967 s'est déroulée, de surcroît, en la présence du Dr. Sauer[168], le premier

[168] Anton Sauer est connu pour son affirmation selon laquelle " ... la *Zentrale Stelle* répand[rait] une odeur sur la ville [de Ludwigsburg]. " Malgré cette affirmation négative, nous voyons dans cet exemple la présence du premier bourgmestre durant la visite de deux délégations européennes à Ludwigsburg. Ce qui montre qu'il n'hésita pas à bénéficier, lors de ses contacts avec ses interlocuteurs étrangers, du prestige provenant du travail de justice accompli par la *Zentrale Stelle*. Cf. l'interview de Curt Becker, folio 19. Curt Becker, qui a lui même exécuté la fonction de premier bourgmestre à Naumburg, a expliqué pendant son interview qu'il pouvait, dans une certaine mesure, comprendre le Dr. Sauer. En tant que premier bourgmestre, il préférerait aussi voir sa ville rayonner plutôt avec des monuments

bourgmestre de la ville de Ludwigsburg de l'époque. Les deux délégations ont d'abord été conduites au bureau du directeur de la *Zentrale Stelle* où les invités ont écouté un bref exposé sur la fondation et les tâches de l'institution judiciaire. Cet exposé, présenté par le premier procureur Blank, a été suivi d'une visite au département de la documentation et au fichier central. On peut noter, ici, qu'André Boulloche, le maire de Montbéliard, un ancien prisonnier d'Auschwitz, a manifesté un grand intérêt pour le travail de la *Zentrale Stelle*. D'après le rapport de cette visite qui a été rédigé par Kurt Hinrichsen, A. Boulloche aurait même déclaré que le malentendu survenu l'année précédente concernant l'enterrement de Sepp Dietrich – un malentendu qui avait conduit la municipalité de Montbéliard à annuler sa participation à la cérémonie de la fondation de la ville de Ludwigsburg - était désormais dissipé[169].

Le lien que la *Zentrale Stelle* a noué avec la Pologne a même servi d'exemple pour d'autres instances judiciaires ouest-allemandes. Le Dr. Neuberger, Ministre de la Justice de la Rhénanie-du-Nord-Westphalie a notamment fait part, lors de sa visite des 22 et 23 août 1972 à l'institution, de ses regrets de ne pas avoir bénéficié auparavant de l'expérience accumulée par l'équipe de Ludwigsburg dans ses relations avec la Commission

---

historiques et culturels. La *Zentrale Stelle*, du moins pour ce qui est des années 60-70, rappelait, en revanche, aux habitants de la ville le passé national-socialiste.

[169] Cf. l'ébauche de l'écrit adressé par la *Zentrale Stelle* de Ludwigsburg au Ministère de la Justice du Bade-Wurtemberg, 3 p. [ZSL, Dossiers généraux, Classeur 1-21, Visiteurs à la *Zentrale Stelle* de Ludwigsburg (hormis les écoles).] Ce document porte la date du 18 avril 1967. Il a été rédigé par Kurt Hinrichsen.

centrale polonaise, relations qui s'étaient avérées pour le ministre plutôt délicates[170].

En effet, les autorités polonaises s'étaient souvent plaintes de ce que la justice ouest-allemande ne parvenait pas à condamner un grand nombre de criminels de guerre nationaux-socialistes, et ce, malgré la possibilité pour les magistrats ouest-allemands d'étudier la documentation issue des enquêtes judiciaires polonaises. On avait également pu voir les autorités polonaises protester, à la suite de la parution d'une information dans la presse, information que celles-ci avaient à tort interprétée comme une annonce de la fin des poursuites judiciaires dans la République fédérale. Dans ce cas précis, le Dr. Neuberger avait, en réalité, uniquement déclaré que les enquêtes judiciaires concernant quelques dossiers importants touchaient à leur terme dans son *Land*[171]. Ulrich Broszat, un procureur de la *Zentrale Stelle* qui avait participé à des missions en Pologne sous la direction d'Adalbert Rückerl, a précisé, en revanche, à ce sujet que le matériel en provenance de ce pays était souvent vague et ne suffisait pas à obtenir la condamnation d'un suspect de crimes

---

[170] Ébauche du rapport adressé au Ministère de la Justice du Bade-Wurtemberg concernant la visite du Ministre de la Justice du *Land* de la Rhénanie-du-Nord-Westphalie à la *Zentrale Stelle* de Ludwigsburg, 6 p. [ZSL, Dossiers généraux, Classeur 41-1, Instauration et compétence de la *Zentrale Stelle,* Volume I.] Ce document, signé par Adalbert Rückerl, porte la date du 24 août 1972. Le soir du 22 août, la délégation du Dr. Neuberger a été invitée, par le Ministère de la Justice du Bade-Wurtemberg, à dîner au restaurant Ratskeller de Ludwigsburg : un lieu qui existe toujours dans la topographie de la ville et qui a été choisi à plusieurs reprises pour l'organisation des déjeuners ou dîners professionnels de la *Zentrale Stelle.*

[171] *Idem.*

nationaux-socialistes, conformément aux principes en vigueur d'un État de droit[172].

La *Zentrale Stelle* a ainsi accueilli, dès son installation au mois de décembre 1958, de nombreux visiteurs de la justice et de la police tant nationaux qu'internationaux. Déjà, au cours de la période allant du 1er décembre 1958 au 31 décembre 1959, une quarantaine de procureurs et une dizaine de juges d'instruction de diverses administrations de la Justice du *Land* s'étaient rendus à Ludwigsburg afin de prendre connaissance du travail qui y avait été entamé dans le domaine de la poursuite judiciaire des crimes nationaux-socialistes[173]. L'institution a commencé, par la suite, à recevoir également d'autres catégories de visiteurs issues du milieu universitaire, dont en particulier des mouvements politiques d'étudiants tels que l'Association libérale des étudiants libéraux de Mayence ou encore les Jeunes socialistes de Ludwigsburg[174]. En même temps, les magistrats de Ludwigsburg ont été, de plus en plus, sollicités pour donner des conférences dans divers établissements. La

---

172 Interview d'Ulrich Broszat réalisée à Westerrönfeld, le 26 novembre 2002 par Marc von Miquel, dossier déjà cité, folios 29-30. Ulrich Broszat a travaillé à la *Zentrale Stelle,* de 1969 à 1972, sur les institutions centrales de la SS et les crimes commis à l'intérieur des frontières du *Reich.* À partir de 1973, il a également pris en charge les collections *Befehlsnotstand,* Usage terminologique et Décisions judiciaires, ainsi que la rédaction des circulaires envoyées par l'institution judiciaire aux différents parquets.

173 Écrit adressé par la *Zentrale Stelle* de Ludwigsburg au Ministère de la Justice de la Rhénanie-du-Nord-Westphalie, 2 p. [ZSL, Dossiers généraux, Classeur 1-3, Rapports d'activité, Volume I.]

174 Cf. le rapport d'activité du 1er janvier 1965 au 10 octobre 1965. [ZSL, Dossiers généraux, Classeur 1-3, Rapports d'activité, Volume II.]

diffusion, en 1979, du film *Holocaust*[175] en République fédérale a encore accru le nombre de visiteurs en provenance des lycées, des universités, de la police et de l'armée, tandis que les invitations des magistrats de la *Zentrale Stelle* à des conférences organisées à l'extérieur de l'institution judiciaire se multipliaient[176] : des invitations auxquelles ceux-ci n'ont pu toutefois – faute de temps – toujours donner une réponse positive.

Ces visites, dont chacune d'entre elles requerrait un temps entre deux et trois heures, exigeaient, effectivement, un travail supplémentaire de la part des membres de la *Zentrale Stelle,* à une période où les enquêtes préliminaires étaient particulièrement intenses[177]. C'est pourquoi, dans un souci de prévenir toute perturbation du travail judiciaire de l'institution, Erwin Schüle a décidé en 1964 d'organiser le premier mardi de chaque mois une conférence de presse : un principe auquel la *Zentrale Stelle* dérogerait, toutefois, lors de la visite de journalistes étrangers renommés, qui ne restaient en Allemagne que l'espace d'une courte durée[178].

---

[175]*Holocaust*, Marvin J. Chomsky, fiction, États-Unis et Allemagne, 1978, 419 minutes.

[176] Note à présenter au Ministère de la Justice du Bade-Wurtemberg, 12 p. [ZSL, Dossiers généraux, Classeur 1-3, Rapports d'activité, Volume II.] Ce document, signé par Adalbert Rückerl, porte la date du 19 avril 1979.

[177] Voir l'ébauche du projet du 13 septembre 1962 adressée au Ministère de la Justice du Bade-Wurtemberg. [ZSL, Dossiers généraux, Classeur 1-3, Rapports d'activité, Volume I.]

[178] Cf. le rapport d'activité de la *Zentrale Stelle* de Ludwigsburg, état actuel au 1er août 1964. [ZSL, Dossiers généraux, Classeur 1-3, Rapports d'activité, Volume I.]

Il est, cependant, fort probable que la *Zentrale Stelle* ait poursuivi son travail de relations publiques, malgré le temps supplémentaire que lui coûtait cet investissement :

« J'ai déjà exprimé en d'autres occasions que la justice seule ne peut pas surmonter le passé avec les moyens de l'État de droit. Une telle confrontation n'est possible que si les partis, les églises et les écoles contribuent à la compréhension de la nécessité de la tâche, dont a été chargée la justice, [...] à savoir la poursuite et la punition de ces actes atroces d'un État de non-droit[179]. »

La *Zentrale Stelle* a commencé - dès le début de son activité judiciaire - à accueillir également des historiens à son siège à Ludwigsburg. Cependant, la présence fréquente, aujourd'hui, des historiens dans les locaux de la *Zentrale Stelle* n'apparaissait pas, à l'origine, aussi évidente. Le statut organisationnel de la *Zentrale Stelle* excluait, en effet, la possibilité pour les particuliers d'accéder aux informations consignées dans le fichier central. Celles-ci étaient en principe uniquement mises à la disposition des tribunaux, des parquets et des bureaux de police affectés à la même mission de poursuite judiciaire des crimes nationaux-socialistes[180]. La nouvelle

---

[179] Cf. le rapport d'activité de la *Zentrale Stelle* de Ludwigsburg pour le Comité permanent du *Landtag* du Bade-Wurtemberg, 20 p. [ZSL, Dossiers généraux, Classeur 1-3, Rapports d'activité, Volume I.] Ce document, non daté, a été fort probablement rédigé par Erwin Schüle.

[180] Voir le paragraphe 19 du document intitulé *Statut organisationnel de la Zentrale Stelle des administrations de la Justice du Land* [ZSL, Dossiers généraux, Classeur 41-1, Instauration et compétence de la *Zentrale Stelle*, Volume 1]. D'autres services administratifs ouest-allemands pouvaient, toutefois, obtenir des informations extraites du fichier central. L'autorisation leur était délivrée au cas par cas par le directeur de la *Zentrale Stelle* qui pouvait consulter, à ce sujet, le Ministère de la Justice du Bade-Wurtemberg.

version du statut organisationnel, élaborée dans le courant de l'année 1967, réaffirmait exactement les mêmes exigences concernant la diffusion à des tierces personnes des données rassemblées systématiquement par la *Zentrale Stelle*[181].

Erwin Schüle s'étonnait précisément de l'intérêt particulier porté par les historiens allemands à la documentation en gestation à Ludwigsburg. Il ne parvenait surtout pas à comprendre comment l'idée de mettre l'ensemble de cette documentation à la disposition de la recherche historique pouvait " trotter dans la tête " des historiens qui, de surcroît, ne se contentaient pas de réclamer un accès aux seuls arrêts judiciaires[182].

Quoiqu'il en soit, les premières demandes de consultation des dossiers d'enquêtes préliminaires déposées par des historiens parvinrent à la *Zentrale Stelle* par l'entremise d'autres institutions judiciaires ouest-allemandes[183]. Celles-ci furent, à l'origine, adressées par des historiens *via* le Ministère de la Justice du Bade-Wurtemberg à la *Zentrale Stelle*. Elles laissèrent ensuite place à des prises de contact plus directes. De même, la

---

181 Cf. la lettre adressée, le 16 mars 1967, par le Ministère de la Justice du Bade-Wurtemberg à la *Zentrale Stelle* de Ludwigsburg. [ZSL, Dossiers généraux, Classeur 41-1, Instauration et compétence de la *Zentrale Stelle*, Volume 1.] Cette lettre contient en annexe l'ébauche d'un nouveau statut organisationnel pour la *Zentrale Stelle*.

182 Cf. le rapport d'activité de la *Zentrale Stelle* de Ludwigsburg 1961 / 1962. [ZSL, Dossiers généraux, Classeur 1-3, Rapports d'activité, Volume 1.] L'auteur et la date exacts du rapport n'étaient pas mentionnés sur le document.

183 Pour ne citer qu'un exemple, voir la lettre adressée, le 7 novembre 1968, par le DAAD à la *Zentrale Stelle* de Ludwigsburg. [ZSL, Dossiers généraux, Classeur 1-21, Visiteurs à la *Zentrale Stelle* de Ludwigsburg (hormis les écoles).]

procédure à laquelle les particuliers devaient s'astreindre afin de pouvoir étudier, à titre privé, des documents de Ludwigsburg a tendu, au fil du temps, à se simplifier. Vers le milieu des années 80, les chercheurs résidant en République fédérale d'Allemagne commencèrent à obtenir l'autorisation de consulter les dossiers d'enquêtes préliminaires de Ludwigsburg directement de la *Zentrale Stelle,* tandis que ceux qui vivaient à l'étranger continuèrent à adresser leur requête *via* le Ministère de la Justice du Bade-Wurtemberg[184].

Par ailleurs, les historiens et doctorants apparaissaient encore dans le rapport d'activité couvrant la période du 1er juillet 1970 au 30 juin 1971 sous la rubrique XII qui réunissait tous les visiteurs au sein d'une seule et même catégorie[185]. À partir du rapport de la période suivante, une rubrique spécifique fut désormais réservée aux historiens et chercheurs en sciences juridiques[186]. Les historiens ont été réunis dans une rubrique à part dès 1979. Cela étant, la *Zentrale Stelle* a tenté, jusqu'à la fin des années 70, de rediriger ceux qui souhaitaient se rendre à Ludwigsburg, dans la plupart des cas, vers les archives

---

[184] Voir Streim Alfred, « Justiz und NS Verbrechen. Die Bedeutung der Zentralen Stelle für die Justiz und die Geschichtswissenschaft (Justice et crimes nationaux-socialistes. La signification de la *Zentrale Stelle* pour la justice et la science historique) », 15 p. [ZSL, Dossiers généraux, Classeur 41-90, Les 30 ans d'existence de la *Zentrale Stelle* de Ludwigsburg, Volume I.]

[185] Cf. le rapport d'activité de la *Zentrale Stelle* de Ludwigsburg pour la période s'étendant du 1er juillet 1970 au 30 juin 1971, 15 p. [ZSL, Dossiers généraux, Classeur 1-3, Rapports d'activité, Volume 2.] Il s'agit d'un document non daté qui est signé par Adalbert Rückerl.

[186] Cf. le rapport d'activité de la *Zentrale Stelle* de Ludwigsburg pour la période s'étendant du 1er juillet 1971 au 30 juin 1972, 14 p. [ZSL, Dossiers généraux, Classeur 1-3, Rapports d'activité, Volume 2.] Document non daté et non signé.

conservant les originaux des documents relatifs à la période nationale-socialiste. Dans le même sens, elle leur indiquait également la littérature disponible sur le sujet. Seuls les documents déjà publiés ou ceux qui n'étaient pas susceptibles de constituer un inconvénient pour les enquêtes préliminaires en cours, étaient communiqués aux historiens à la *Zentrale Stelle.* La question de la protection des données concernant les tierces personnes préoccupait aussi les magistrats ouest-allemands et pouvait influer sur leur décision d'attribuer ou non aux chercheurs l'autorisation de consulter les sources de Ludwigsburg[187].

Dans les années 80, sous la direction d'Adalbert Rückerl, puis sous celle d'Alfred Streim, cette autorisation a également été délivrée pour les demandes d'examen des dossiers d'enquêtes préliminaires. Cela s'avérait toutefois seulement possible si le visiteur apportait la preuve de ce qu'il utiliserait les documents de Ludwigsburg dans le cadre d'une recherche scientifique[188]. Cette condition explique la raison pour laquelle les chercheurs accompagnaient souvent leur demande d'autorisation de

[187] Cf. la note à présenter au Ministère de la Justice du Bade-Wurtemberg : document signé, le 19 avril 1979, par Adalbert Rückerl, 12 p. [ZSL, Dossiers généraux, Classeur 1-3, Rapports d'activité, Volume 2.]

[188] Cf. le rapport d'activité de la *Zentrale Stelle* de Ludwigsburg pour la période du 1er juillet 1980 au 30 juin 1981, 12 p. [ZSL, Dossiers généraux, Classeur 1-3, Rapports d'activité, Volume 2.] Document non daté, signé par Adalbert Rückerl. Voir, également, le rapport d'activité de la *Zentrale Stelle* de Ludwigsburg pour la période du 1er juillet 1984 au 30 juin 1985, 12 p. [ZSL, Dossiers généraux, Classeur 1-3, Rapports d'activité, Volume 2.] Document non daté, signé par Alfred Streim.

brefs renseignements concernant leur parcours professionnel[189].

La présence des historiens à la *Zentrale Stelle* a entraîné, encore une fois, une charge de travail supplémentaire pour les magistrats ouest-allemands. Ceux-ci se trouvaient déjà confrontés à des problèmes tels que celui de la conservation d'une masse de documents dont le volume ne cessait de s'accroître, des questions qui, d'ordinaire, n'auraient dû préoccuper que les archivistes [190]. Le nombre de visiteurs, en général, augmentait aussi de plus en plus, tout en amputant le temps que les magistrats devait entièrement consacrer à la poursuite judiciaire des suspects de crimes nationaux-socialistes. Ceci est, en effet, un point qui est souvent mentionné dans les rapports d'activité annuels[191].

Pendant la première moitié de l'année 1977, environ cinquante à soixante-dix personnes ont adressé par écrit ou se sont rendues sur place, individuellement, à la *Zentrale Stelle,* afin de demander de l'aide pour leur recherche dans le domaine de l'histoire contemporaine ou pour leurs travaux réalisés dans le cadre de séminaires

---

[189] Lettre adressée, le 9 septembre 1975, par Alexander Donat à Adalbert Rückerl. [ZSL, Dossiers généraux, Classeur 1-22, Travaux scientifiques – Donat.]

[190] Cf. le rapport d'activité de la *Zentrale Stelle* de Ludwigsburg pour la période du 1er juillet 1970 au 30 juin 1971, 15 p. [ZSL, Dossiers généraux, Classeur 1-3, Rapports d'activité, Volume 2.] Document non daté, signé par Adalbert Rückerl.

[191] Voir notamment le rapport d'activité de la *Zentrale Stelle* de Ludwigsburg pour la période du 1er juillet 1983 au 30 juin 1984, 11 p. [ZSL, Dossiers généraux, Classeur 1-3, Rapports d'activité, Volume 2.] Document non daté, signé par Alfred Streim.

universitaires[192]. L'institution a évalué leur nombre à 661 visiteurs, un chiffre incluant à la fois des chercheurs et des étudiants de maîtrise ou de doctorat, au cours de la période d'activité de l'institution de juillet 1998 à juin 1999[193].

Afin de faire face à la charge de travail supplémentaire qui résultait de l'accueil de ces chercheurs, Alfred Streim a décidé de limiter le nombre de visiteurs à deux par jour[194]. Une décennie plus tard, alors que l'éventualité de présenter les suspects de crimes nationaux-socialistes au tribunal diminuait de plus en plus, Willy Dreßen, le successeur d'Alfred Streim, a fixé,

---

[192] Cf. le rapport d'activité de la *Zentrale Stelle* de Ludwigsburg pour la période du 1er juillet 1976 au 30 juin 1977, 23 p. [ZSL, Dossiers généraux, Classeur 1-3, Rapports d'activité, Volume 2.] Document signé, le 1er juillet 1977, par Adalbert Rückerl.

[193] Cf. le rapport d'activité de la *Zentrale Stelle* de Ludwigsburg pour la période du 1er juillet 1998 au 30 juin 1999, 21 p. [ZSL, Dossiers généraux, Classeur 1-3, Rapports d'activité, Volume 5.] Document signé, le 6 août 1999, par Willi Dreßen. Les étudiants étrangers sont venus, principalement, des États-Unis, mais aussi de pays comme Israël, le Canada, l'Italie, l'Autriche, le Japon et la Pologne. [ZSL, Dossiers généraux, Classeur 41-85, Conseil scientifique.] Le nombre de visiteurs allemands et étrangers ayant consulté la documentation de Ludwigsburg à titre privé se situe, durant cette période précise, aux alentours de 200. Selon Tobias Herrmann, ce nombre tendrait cependant à se réduire et à laisser place à des demandes de plus en plus importantes de photocopies. Cf. le compte-rendu de la réunion du 12 mars 2009 du Conseil scientifique au *Bundesarchiv*-Bureau externe de Ludwigsburg. Document rédigé et signé, le 27 mars 2009, par Tobias Herrmann. [ZSL, Dossiers généraux, Classeur 41-85, Conseil scientifique.]

[194] Cf. le rapport d'activité de la *Zentrale Stelle* de Ludwigsburg pour la période du 1er juillet 1987 au 30 juin 1988, 18 p. [ZSL, Dossiers généraux, Classeur 1-3, Volume 2.] Document non daté, signé par Alfred Streim.

dans un souci d'égalité de traitement, des temps d'attente pour les chercheurs. En effet, par respect à ce principe, il ne pouvait faire un choix entre les différentes demandes que lui adressaient les visiteurs, en accordant la priorité aux uns et en refusant l'accès aux autres, sur la base d'une évaluation de celles-ci de point de vue de leur signification pour la recherche historique. Il ne pouvait pas, non plus, être question de suspendre, même provisoirement, l'accueil des chercheurs à Ludwigsburg[195] :

« La *Zentrale Stelle* a acquis une bonne réputation en tant qu'institution, où il est possible de faire de la recherche rapidement, sans bureaucratie et de manière efficace[196]. »

Dans la pratique, il semble, effectivement, peu probable que la *Zentrale Stelle* ait réellement appliqué cette politique de restriction de l'accès. Du moins, nous n'en avons trouvé aucune trace dans les *Generalakten*.

Bien que la *Zentrale Stelle* ait, désormais, autorisé aux visiteurs, d'accéder non seulement à la collection de documents, mais aussi – dans une certaine mesure – aux dossiers d'enquêtes préliminaires, une catégorie d'archives continuait d'être exclue de la consultation. Même si les chercheurs et juristes étrangers réclamaient souvent l'autorisation d'étudier les *Generalakten*, Alfred Streim avait adopté une prise de position particulièrement stricte sur ce sujet :

« Si on s'adresse à un employé de la *Zentrale Stelle* avec une telle demande, il faut expliquer, à l'avance, que les *Generalakten*

[195] Cf. le rapport d'activité de la *Zentrale Stelle* de Ludwigsburg pour la période du 1er juillet 1998 au 30 juin 1999, 21 p. [ZSL, Dossiers généraux, Classeur 1-3, Volume 5.] Document signé, le 6 août 1999, par Willi Dreßen.

[196] *Idem.*

concernent uniquement les affaires (administratives) internes et ne présentent pas d'intérêt pour les travaux scientifiques ou les dossiers d'enquête. Une dérogation ne peut en aucun cas être accordée[197]. »

En dépit du contact permanent qui s'est établi, au fil du temps, entre les chercheurs et la *Zentrale Stelle,* cette décision constitue un premier indice de ce qu'il ne sera pas très facile pour les premiers mentionnés d'écrire une histoire de cette institution judiciaire.

---

[197] Voir, notamment, la disposition interne rédigée, le 4 décembre 1985, par Alfred Streim. [ZSL, Dossiers généraux, Classeur 1-22, Travaux scientifiques, folio 1.]

Chapitre 5

Vers une autre forme de justice : la nouvelle signification du travail accompli par la *Zentrale Stelle*

Dans les années 90, la *Zentrale Stelle* est, à son tour, confrontée à l'épineuse question des restrictions budgétaires en raison de la situation financière tendue de l'Allemagne réunifiée[198]. Une lettre adressée, le 2 mars 1993, par Simon Wiesenthal à Thomas Schäuble, le Ministre de la Justice du Bade-Wurtemberg, en présente un premier indice. Le célèbre " chasseur de nazis " lui adresse ce courrier après avoir appris, par les médias, que la République fédérale prévoyait de supprimer huit postes à la *Zentrale Stelle*. Les magistrats qui occupaient ces postes étaient, toutefois, en charge d'étudier les archives du Ministère pour la sécurité de l'État, une institution de l'ancienne Allemagne de l'Est. Cette documentation promettait, en effet, la reprise de certaines enquêtes judiciaires qui avaient été suspendues faute de preuves suffisantes, d'où l'importance capitale du travail de cette équipe. Ce faisant, S. Wiesenthal ne manquait pas de souligner le prestige particulier dont jouissait la *Zentrale Stelle* du fait de son travail honnête, tout en sollicitant l'intervention de T. Schäuble malgré la

[198] Ulrich Goll l'a souligné, tout particulièrement, pour le Bade-Wurtemberg dans un communiqué de presse daté du 13 juin 1997 qu'il a publié une année après sa prise de fonction en tant que Ministre de la Justice de ce *Land*. Écrit adressé, le 16 juin 1997, par Ulrich Goll à tous les employé(e)s de la justice du Bade-Wurtemberg, 2 p. [ZSL, Dossiers généraux, Classeur 41-1, Instauration et compétence de la *Zentrale Stelle*, Volume II.]

situation financière de l'Allemagne qui devait investir dans les nouveaux *Länder*[199].

Le fait de travailler avec un faible effectif de magistrats a souvent constitué un handicap pour la *Zentrale Stelle*. Tout au long de son existence, nous l'avons déjà souligné, on relève, à différentes périodes, qu'il a été question pour le directeur de l'institution d'arrêter une date limite à partir de laquelle son établissement mettrait définitivement un terme à son activité judiciaire, à une condition près cependant :

« Je peux attirer l'attention aussi, encore une fois, sur le fait que je me suis fixé l'objectif, jusqu'à ma retraite au 1.1.1997, d'achever pour l'essentiel l'activité judiciaire de la *Zentrale Stelle*... Je peux, cependant, seulement atteindre cet objectif si le personnel nécessaire pour cela est [mis] à ma disposition[200]. »

Pour évoquer un autre exemple plus récent, Kurt Schrimm, le directeur actuel de la *Zentrale Stelle*, a posé cette même condition dans le rapport d'activité couvrant la période du 1er janvier au 31 décembre 2005, en cherchant à solliciter le soutien des *Länder* dans le maintien des effectifs[201] :

---

[199] Cf. la lettre adressée, le 2 mars 1993, par Simon Wiesenthal à Thomas Schäuble. [ZSL, Dossiers généraux, Classeur 41-1, Instauration et compétence de la *Zentrale Stelle*, Volume II.]

[200] Voir le rapport d'activité de la *Zentrale Stelle* de Ludwigsburg pour la période du 1er juillet 1993 au 30 juin 1994, 26 p. [ZSL, Dossiers généraux, Classeur 1-3, Rapports d'activité, Volume 2.] Document signé, le 11 juillet 1994, par Alfred Streim.

[201] Écrit adressé, le 2 mai 2006, par le Ministère de la Justice du Bade-Wurtemberg aux Ministres de la Justice des *Länder*, 4 p. [ZSL, Dossiers généraux, Classeur 1-3, Rapports d'activité, Volume 5.] La correspondance en question a également été envoyée aux quinze administrations de la Justice du *Land* : la Bavière, Berlin, le Brandebourg, Brême, Hambourg, la Hesse, le Mecklembourg-Poméranie-Occidentale, la Rhénanie-du-Nord-Westphalie, la

« Seulement si l'effectif actuel du personnel pouvait être maintenu, il paraîtrait réaliste d'achever le travail de la *Zentrale Stelle* dans le courant de l'année 2008. »

Cette institution judiciaire semble, toutefois, réellement avoir été proche de sa fin qui, tout au long de son existence, avait été reportée à plusieurs reprises, lorsqu'en novembre 1996, les ministres de la Justice des *Länder* ont décidé d'examiner la possibilité de fusionner la *Zentrale Stelle* de Ludwigsburg avec la Centrale criminologique de Wiesbaden. Cette idée puisait, essentiellement, son origine dans une préoccupation de diminution des dépenses budgétaires des *Länder*, toujours en raison de la situation financière de l'Allemagne de l'époque. Il faut, cependant, ici, souligner que cette proposition ne concernait pas uniquement la *Zentrale Stelle* de Ludwigsburg, pour laquelle on avait d'ailleurs d'autres projets, comme par exemple son intégration au *Bundesarchiv,* sa transformation en un institut de recherche ou encore l'intégration d'archivistes à son équipe. Il a été plutôt question de prendre en compte les différentes possibilités de fusionner la Centrale criminologique, dont le maintien avait été décidé en octobre 1996 lors de la conférence annuelle des ministres-présidents des *Länder,* avec différentes institutions judiciaires, dont – entre autres établissements - l'Académie des juges à Trier et Wustrau[202].

Rhénanie-Palatinat, la Sarre, la Basse-Saxe, la Saxe, la Saxe-Anhalt, le Schleswig-Holstein et la Thuringe.

[202] Cf. le compte-rendu de la réunion du Comité de droit pénal de la Conférence des Ministres de la Justice, réunion réalisée à Erfurt, du 4 au 6 novembre 1996, 3 p. [ZSL, Dossiers généraux, Classeur 41-1, Instauration et compétence de la *Zentrale Stelle,* Volume II.]

C'est à cette fin précise que la réunion des membres de la Centrale criminologique a mis en place en décembre 1996 un groupe de travail sous la direction du Ministère de la Justice de la Hesse. Celui-ci, chargé d'examiner ces possibilités de fusion, a prié le Ministère de la Justice du Bade-Wurtemberg, qui est l'État d'accueil de la *Zentrale Stelle* de Ludwigsburg, de rédiger un avis sur le sujet. De même, le Brandebourg et la Rhénanie-Palatinat se sont vu confier la tâche de rédiger un rapport sur la possibilité et les conséquences d'une fusion éventuelle de la Centrale criminologique avec l'Académie des juges, avec l'obligation toutefois de préserver l'activité spécifique de chacune des deux institutions : une option qui paraissait alors prioritaire au groupe de travail[203].

Lorsque le Ministère de la Justice du Bade-Wurtemberg a demandé à Willi Dreßen, le directeur de la *Zentrale Stelle,* de construire une position à propos de l'idée de regrouper sous un même toit son établissement et la Centrale criminologique, il ne lui a pas caché sa désapprobation : les deux institutions poursuivant, en effet, des activités de nature tout à fait différente[204]. Willi Dreßen avait souligné, de son côté, cette différence, tout en affirmant qu'une telle option lui " parai[ssait]

[203] Écrit adressé, le 17 janvier 1997, par le Ministère hessois de la Justice et des Affaires européennes aux administrations de la Justice du *Land*, 3 p. [ZSL, Dossiers généraux, Classeur 41-1, Instauration et compétence de la *Zentrale Stelle*, Volume II.]

[204] Voir la lettre adressée, le 5 février 1997, par le Ministre de la Justice du Bade-Wurtemberg à la *Zentrale Stelle* de Ludwigsburg. [ZSL, Dossiers généraux, Classeur 41-1, Instauration et compétence de la *Zentrale Stelle*, Volume II.]

problématique pour plusieurs raisons[205] ". Il était plutôt prévu d'instaurer une coopération entre la *Zentrale Stelle* qui, de toute façon, devrait encore accomplir sa tâche pendant environ dix ans, et le *Bundesarchiv*, même si la mise en place de ce " modèle de double administration " requerrait certainement un peu de temps[206].

Le Ministère de la Justice du Bade-Wurtemberg ne tarda pas à envoyer à son homologue de la Hesse son avis négatif, après avoir reçu la position de Ludwigsburg. Le Bade-Wurtemberg avait bien précisé dans sa réponse que cet avis avait été adopté sans prendre en considération la possibilité de réduire les dépenses budgétaires, mais selon un tout autre motif :

« D'ailleurs, en raison de la signification exceptionnelle et internationalement respectée de la *Zentrale Stelle*, il n'est pas, selon notre point de vue, convenable de regrouper celle-ci avec un établissement étant -le moins que l'on puisse dire - peu comparable dans sa mission et ainsi de susciter l'impression inexacte selon laquelle l'attention requise ne serait plus consacrée à cette période du passé allemand[207]. »

Alfred Streim avait avancé ce même argument quelques années plus tôt :

« C'est pourquoi le travail de la *Zentrale Stelle* ne doit pas être achevé pour des raisons financières ou autres s'opposant à [son] travail. Quand l'office sera dissous dans quelques années,

---

[205] Écrit adressé, le 21 février 1997, par Willi Dreßen au Ministère de la Justice du Bade-Wurtemberg. [ZSL, Dossiers généraux, Classeur 41-1, Instauration et compétence de la *Zentrale Stelle*, Volume II.]

[206] *Idem*.

[207] Écrit adressé, le 27 février 1997, par le Ministère de la Justice du Bade-Wurtemberg au Ministère hessois de la Justice et des Affaires européennes, 3 p. [ZSL, Dossiers généraux, Classeur 41-1, Instauration et compétence de la *Zentrale Stelle*, Volume II.]

nous devrions pouvoir dire que nous avons fait tout ce qui était nécessaire…[208] »

Alfred Streim avait, à l'époque, proposé d'intégrer, pour la première fois, à l'équipe de Ludwigsburg une historienne, et de la nommer à un poste vacant de procureur. Il avait, en fait, estimé que celle-ci pourrait se charger de certaines tâches, afin d'aider les magistrats de la *Zentrale Stelle* qui étaient surchargés de travail. A. Streim pensait, plus précisément, à Ruth Bettina Birn : une historienne allemande qui, sur la base de la documentation de Ludwigsburg, avait soutenu une thèse de doctorat sur les chefs supérieurs de la SS et de la police[209]. À la suite de quoi, elle avait d'abord travaillé pour l'Office d'enquêtes spéciales à Washington DC, avant d'occuper le poste d'historien en chef au Ministère canadien de la Justice. Elle y était, notamment, chargée de la mise en sûreté des preuves documentaires. En termes plus précis, elle dirigeait, en particulier, l'étude des archives des anciens pays de l'Est[210].

Alfred Streim avait conçu ce poste d'historien comme multi-tâches sur la base d'un contrat à durée déterminée. Selon le directeur de la *Zentrale Stelle*, Ruth Bettina Birn

---

[208] Cf. le rapport d'activité de la *Zentrale Stelle* de Ludwigsburg pour la période du 1er juillet 1991 au 30 juin 1992, 24 p. [ZSL, Dossiers généraux, Classeur 1-3, Rapports d'activité, Volume 2.] Document signé, le 8 juillet 1992, par Alfred Streim.

[209] Birn Ruth Bettina, *Die höheren SS- und Polizeiführer. Himmlers Vertreter im Reich und in den besetzten Gebieten* (Les chefs supérieurs de la SS et de la police. Les représentants de Himmler dans le *Reich* et dans les territoires occupés), Düsseldorf, Droste Verlag, 1991, 430 p.

[210] Cf. le rapport d'activité de la *Zentrale Stelle* de Ludwigsburg pour la période du 1er juillet 1992 au 30 juin 1993, 27 p. [ZSL, Dossiers généraux, Classeur 1-3, Rapports d'activité, Volume 2.] Document signé, le 2 juillet 1993, par Alfred Streim.

pourrait s'occuper de l'accueil des visiteurs à Ludwigsburg. Elle pourrait aussi se charger de répondre aux correspondances adressées à l'institution judiciaire sur les questions générales. Ensuite, elle pourrait encore assurer, en partie, le travail de relations publiques, comme par exemple la présentation d'un exposé devant les groupes d'élèves visitant la *Zentrale Stelle*. Plus concrètement, Alfred Streim estimait que Ruth Bettina Birn pourrait aussi se voir confier l'étude de la documentation du *Ministère est-allemand pour la sécurité de l'État*, une tâche qu'elle accomplissait alors déjà pour le compte du Ministère canadien. Ainsi, A. Streim n'avait-il pas manqué de souligner qu'il préférait plutôt pourvoir le poste d'historien que celui de procureur, ce premier étant capable d'accomplir diverses tâches et que – dans le cas de Ruth Bettina Birn qui connaissait parfaitement la documentation de Ludwigsburg – il n'était, de surcroît, aucunement nécessaire de l'initier au travail de la *Zentrale Stelle*, comme cela était d'ordinaire le cas avec un magistrat [211] . Dans le rapport d'activité couvrant la période du 1er juillet 1993 au 30 juin 1994, A. Streim écrit cependant qu'il a finalement renoncé à sa demande de deux années, ayant compris qu'elle ne recevrait pas de suite favorable en raison de la situation financière générale. Ce qui ne l'a pourtant pas empêché de signaler que l'institution manquait de personnel à Ludwigsburg, une situation encore aggravée davantage par le départ d'un nouveau magistrat[212].

---

[211] *Idem*.

[212] Cf. le rapport d'activité de la *Zentrale Stelle* de Ludwigsburg pour la période du 1er juillet 1993 au 30 juin 1994, 26 p. [ZSL, Dossiers généraux, Classeur 1-3, Rapports d'activité, Volume 2.] Document signé, le 11 juillet 1994, par Alfred Streim.

Alfred Streim avait exprimé sa crainte, à partir du début des années 90, que la Cour des comptes du Bade-Wurtemberg n'ait tendance à réduire l'effectif de la *Zentrale Stelle*. Cette même cour avait d'ailleurs déjà fait pression pour que la section UNWCC soit dissoute jusqu'au 31 décembre 1990, alors que sa mission n'était pas encore achevée. Alfred Streim a expliqué la politique restrictive de la Cour des comptes, en citant les propos tenus par l'un de ses membres :

« ..." Mais, de toute façon, il ne résulte plus rien (de ce travail) ! " [213] »

L'étude des listes de recherche avait, néanmoins, abouti à l'examen de plus de 15 000 dossiers. Sur ce total, 14 000 ont été transmis aux parquets compétents, puis le reste – soit environ 1200 cas - serait progressivement complété, malgré le faible effectif de l'institution[214]

Par ailleurs, durant cette période qui a également coïncidé avec la fin du procès de Josef Schwammberger à Stuttgart qui, pendant la Seconde Guerre mondiale, avait dirigé différents camps de travail forcé dans le district de Cracovie, trois autres procès se poursuivaient, tandis que quatre actes d'accusation avaient été rédigés même si la date de chacun des procès n'avait pas été encore fixée. Bien qu'Alfred Streim ait lui-même reconnu que le nombre d'inculpations tendait effectivement, de plus en plus, à se réduire, il avait insisté sur la nécessité de poursuivre, malgré tout, le travail judiciaire dans le domaine des crimes nationaux-socialistes. Dans son

---

[213] *Idem.*

[214] Voir le rapport d'activité de la *Zentrale Stelle* de Ludwigsburg pour la période du 1er juillet 1990 au 30 juin 1991, 21 p. [ZSL, Dossiers généraux, Classeur 1-3, Rapports d'activité, Volume 2.] Document signé, le 12 juillet 1991, par Alfred Streim.

esprit, le refus de doter la *Zentrale Stelle* de moyens matériels, mais aussi personnels afin que celle-ci puisse accomplir sa tâche correctement, reviendrait à se prononcer en faveur d'une « amnistie froide » pour ces crimes. Bien plus, une telle politique, décidée par la Cour des comptes ou le Ministère des Finances du Bade-Wurtemberg, ne pourrait que menacer le prestige international de l'Allemagne. Seuls ceux qui avaient vécu l'expérience d'une conférence à l'étranger pouvaient comprendre les pressions pesant sur la République fédérale : pressions lui reprochant parfois injustement, de ne pas avoir entrepris tout ce qui était en son pouvoir pour poursuivre les crimes nationaux-socialistes[215].

Confrontée à cette tendance restrictive, A. Streim ne renonçait pas, pour autant, à réclamer un renforcement de l'effectif de la *Zentrale Stelle* :

« La Cour des comptes, non plus, ne pourrait le contredire, quand il considère la signification de la *Zentrale Stelle* en soi et son travail, tout comme sa réputation dans l'opinion publique (mondiale)[216]. »

Alfred Streim continuait de persévérer bien que, lui-même, et les autres magistrats de Ludwigsburg se soient rendus compte depuis déjà longtemps des faibles possibilités de parvenir, désormais, à obtenir un arrêt judiciaire qui soit exécutoire après l'investigation d'un crime de masse national-socialiste. Dietrich Zeug avait aussi noté dès 1966 qu'il ne fallait plus s'attendre à

---

[215] Cf. le rapport d'activité de la *Zentrale Stelle* de Ludwigsburg pour la période du 1er juillet 1991 au 30 juin 1992, 24 p. [ZSL, Dossiers généraux, Classeur 1-3, Rapports d'activité, Volume 2.] Document signé, le 8 juillet 1992, par Alfred Streim.

[216] Voir le rapport d'activité de la *Zentrale Stelle* de Ludwigsburg pour la période du 1er juillet 1990 au 30 juin 1991, 21 p.

découvrir de grands dossiers de crimes, tels que ceux des camps de la mort ou encore des *Einsatzgruppen*, ces dossiers ayant fait l'objet d'un examen scrupuleux par la *Zentrale Stelle* à partir de 1958, puis transmis aux parquets compétents. Selon ce même magistrat, les nouvelles enquêtes porteraient encore sur un nombre imprécis de meurtres de masse ou d'assassinats individuels, à condition que des pays comme l'Union soviétique, la Pologne, la Tchécoslovaquie ou la Yougoslavie envoient à Ludwigsburg les documents qui se trouvaient en leur possession[217].

Environ une décennie plus tard, Adalbert Rückerl a aussi ouvertement écrit, dans une note destinée au Ministère de la Justice du Bade-Wurtemberg, que les enquêtes préliminaires conduites alors par la *Zentrale Stelle*, tout comme les dossiers transmis aux parquets, ne déboucheraient probablement plus sur aucune inculpation, et encore moins sur une condamnation[218]. Plus récemment, Kurt Schrimm a précisé, en soulignant le même fait, les deux obstacles majeurs qui, selon lui, se dressaient sur la route de l'enquête judiciaire d'un crime national-socialiste donné. Même si on peut encore identifier les exécuteurs qui avaient participé à ce type de

---

[217] Voir les données établies, le 12 mai 1966, par Dietrich Zeug, 4 p. [ZSL, Dossiers généraux, Classeur 1-3, Rapports d'activité, Volume 2.]

[218] Cf. la note à présenter au Ministère de la Justice du Bade-Wurtemberg, document signé, le 19 avril 1979, par Adalbert Rückerl, 12 p. [ZSL, Dossiers généraux, Classeur 1-3, Rapports d'activité, Volume 2.] Alfred Streim a confirmé ce propos six ans plus tard dans un rapport d'activité qui a été rédigé pendant son mandat de direction à Ludwigsburg. Cf. le rapport d'activité de la *Zentrale Stelle* de Ludwigsburg pour la période du 1er juillet 1984 au 30 juin 1985, 12 p. [ZSL, Dossiers généraux, Classe 1-3, Rapports d'activité, Volume 2.] Document non daté, signé par Alfred Streim.

crime, le plus souvent, ceux-ci étaient déjà décédés ou alors les preuves rassemblées s'avéraient insuffisantes pour démontrer l'implication individuelle du suspect dans l'exécution du crime en question[219].

Cette situation a, tout naturellement, généré l'évolution de la fonction de la *Zentrale Stelle*. Adalbert Rückerl a commencé, dès le début des années 80, à noter ce changement au niveau du nombre et de l'étendue des enquêtes préliminaires. En même temps, les magistrats de Ludwigsburg commençaient à être sollicités, de plus en plus, pour leur documentation judiciaire par différentes institutions, dont une partie non négligeable présentait un intérêt scientifique ou pédagogique[220].

Cette transformation, ou plutôt on devrait dire " dilution ", de la fonction exclusivement judiciaire de la *Zentrale Stelle*, se traduit notamment par une évolution de cette fonction vers l'accomplissement de tâches incombant d'ordinaire aux historiens. L'équipe de Ludwigsburg a alors entrepris d'étudier, en premier lieu, les documents qu'elle avait cherché en vain à obtenir durant les années de Guerre froide. À partir du 1er avril 1987, elle a ainsi procédé à l'examen des listes de recherche de l'UNWCC, un fonds que la *Zentrale Stelle*

---

219 Cf. le rapport d'activité de la *Zentrale Stelle* de Ludwigsburg pour la période du 1er janvier 2002 au 31 décembre 2002, 27 p. [ZSL, Dossiers généraux, Classeur 1-3, Rapports d'activité, Volume 5.] Document signé, le 12 mai 2003, par Kurt Schrimm.

220 Cf. l'ébauche de l'écrit adressé par Adalbert Rückerl au Ministère de la Justice du Bade-Wurtemberg, 3 p. [ZSL, Dossiers généraux, Classeur 1-3, Rapports d'activité, Volume 2.] Ce document porte la date du 23 août 1982. Voir, également, Greve Michael, « Von Auschwitz nach Ludwigsburg. Zu den Ermittlungen der "Zentralen Stelle der Landesjustizverwaltungen zur Aufklärung nationalsozialistischer Gewaltverbrechen " in Ludwigsburg », *art. cit.*, p. 50.

avait souhaité consulter dès 1964. Elle n'y a, cependant, accédé que vers la fin de l'année 1986. Parmi les 30 000 Allemands qui figuraient sur ces listes en tant qu'accusés, suspects ou témoins, 27000 à peu près avaient été contrôlés à la date de 1988. Les trois-quarts d'entre eux n'avaient, cependant, fait l'objet d'aucune poursuite pour différentes raisons : prescription du crime, décès de la personne recherchée ou instruction déjà réalisée d'une procédure judiciaire devant les tribunaux alliés ou allemands. Comme nous venons de le mentionner ci-dessus, on a également recensé des cas où les magistrats n'ont pas pu trouver suffisamment d'indices qui puissent entraîner l'ouverture d'une procédure judiciaire. Enfin, pour ce qui est des quelque 3000 cas restants, la *Zentrale Stelle* a commencé, à partir du début de l'année 1988, à transmettre aux parquets compétents les dossiers susceptibles de déboucher sur un procès[221].

En outre, les magistrats de Ludwigsburg ont soutenu le travail de poursuite judiciaire des crimes nationaux-socialistes y compris après avoir envoyé les dossiers en question. En ce sens, ils pouvaient communiquer aux parquets une information nouvelle qu'ils avaient recueillie dans le cadre d'une affaire quelconque. L'équipe de Ludwigsburg apportait également son soutien quand des difficultés se présentaient au niveau de la collecte des preuves. Elle indiquait alors l'identité de témoins possibles ou informait de l'existence de documents susceptibles de faire avancer le travail du parquet. Bien évidemment, ce soutien, d'une importance capitale, était aussi accordé aux pays confrontés à la tâche

[221] Cf. Streim Alfred, « Justiz und NS Verbrechen. Die Bedeutung der Zentralen Stelle für die Justiz und die Geschichtswissenschaft », communication déjà citée.

difficile d'instruire un procès concernant des crimes nationaux-socialistes. La *Zentrale Stelle* a aidé, pour ne citer que deux exemples célèbres, la France à l'occasion du Procès de Klaus Barbie[222] et l'État d'Israël, pour celui de John Demjanjuk[223].

Par ailleurs, dans la mesure où les magistrats de Ludwigsburg connaissaient parfaitement l'histoire et les institutions de l'ère nationale-socialiste, ils ont pu apporter leur expertise à la résolution de plusieurs questions telles que celles de l'évaluation de l'authencité d'un document produit par la bureaucratie du IIIe *Reich* ou encore de la compréhension de l'organigramme des unités administratives nationales-socialistes[224]. Dans les années 2000, l'étude systématique des fonds d'archives - en ex-Union soviétique, aux États-Unis ou en Italie - a été une autre activité principale de la *Zentrale Stelle*[225]. Comme l'a encore précisé Kurt Schrimm en 2004, l'intérêt de l'institution judiciaire portait sur des documents qui, jusqu'alors, n'avaient pas été suffisamment examinés. Ce travail de nature plutôt historienne allait, certes, déboucher sur l'ouverture des dossiers d'enquêtes préliminaires ; il était, toutefois, peu probable qu'il donne, encore une fois, lieu à une inculpation[226].

---

222 Klaus Barbie a été, à partir de 1942, le chef de la Gestapo à Lyon.

223 Cf. Streim Alfred, « Justiz und NS Verbrechen. Die Bedeutung der Zentralen Stelle für die Justiz und die Geschichtswissenschaft », communication déjà citée.

224 *Idem.*

225 Cf. le rapport d'activité de la *Zentrale Stelle* de Ludwigsburg pour la période du 1er janvier 2003 au 31 décembre 2003, 19 p. [ZSL, Dossiers généraux, Classeur 1-3, Rapports d'activité, Volume 5.] Document signé, le 21 avril 2004, par Kurt Schrimm.

226 Cf. l'ordonnance rédigée, le 1er mars 2004, par Kurt Schrimm, 5 p. [ZSL, Dossiers généraux, Classeur 1-3, Rapports d'activité, Volume 5.]

Kurt Schrimm a, notamment, annoncé, au cours d'une réunion du Conseil scientifique qui s'est tenue au *Bundesarchiv* Ludwigsburg, le 10 mars 2005, que la *Zentrale Stelle* travaillait encore sur neuf dossiers d'enquête préliminaire, après avoir achevé l'étude de vingt-deux autres cas dans les années précédentes. En effet, Kurt Schrimm, qui dirigeait l'institution depuis 2000, s'était fixé :

« ... comme objectif de chercher systématiquement dans les fonds d'archives les plus importants parmi ceux qui sont restés, les dossiers des crimes nationaux-socialistes qui ne sont pas encore connus[227]. »

L'évolution de la fonction judiciaire primaire de la *Zentrale Stelle* vers l'inclusion d'une dimension historienne dans son travail, a aussi été évoquée, à plusieurs reprises, par les autres magistrats de Ludwigsburg :

« Au début, nous en étions certains : ils seraient tous condamnés. Ensuite, nous sommes devenus plus réalistes et

---

Sur ce point précis, nous pouvons citer aussi l'exposé de Kurt Schrimm qui a été prononcé lors de la première réunion du Conseil scientifique du *Bundesarchiv* Ludwigsburg. Cf. la lettre adressée, le 18 décembre 2001, par Wilfried Schöntag, le président de la Direction régionale des archives du Bade-Wurtemberg, à la *Zentrale Stelle* de Ludwigsburg. [ZSL, Dossiers généraux, Classeur 41-85, Conseil scientifique.] Cette lettre est accompagnée du protocole des résultats de la réunion du 6 décembre 2001 réalisé au *Bundesarchiv* de Ludwigsburg : un document qui a été signé par Heinz-Ludger Borgert et Wilfried Schöntag.

[227] L'équipe de la *Zentrale Stelle* s'est concentrée, pour l'année 2005, sur l'étude des archives en Italie, en Ukraine, en Biélorussie et au *United States Holocaust Memorial Museum* à Washington DC. Cf. le compte-rendu de la réunion du Conseil scientifique, qui s'est tenue le 10 mars 2005, au *Bundesarchiv* - Bureau externe de Ludwigsburg. [ZSL, Dossiers généraux, Classeur 41-85, Conseil scientifique.] Ce document, rédigé dans un style indirect, a été signé, le 30 mars 2005, par Andreas Kunz et Wilfried Schöntag.

puis nous avons considéré notre travail, de plus en plus, sous l'aspect historique aussi. Nous avons tout simplement dit : " Si nous ne pouvons plus attraper les coupables, parce qu'ils sont morts, parce qu'ils ne sont plus aptes à comparaître en jugement, parce que les témoins ne sont plus là, parce qu'il y a une justice qui, peut-être, n'est pas particulièrement motivée, notre travail n'est alors tout de même pas [fait] en vain, car nous travaillons pour l'histoire. Nous apportons ici les faits, qui permettront plus tard aux historiens de voir correctement les événements de l'époque "[228]. »

Contrairement aux magistrats qui avaient fait partie de la *Zentrale Stelle* dans les années 60, les procureurs et juges (ouest)-allemands qui ont été affectés à Ludwigsburg au cours des décennies suivantes n'entretenaient plus cette illusion quant à la possibilité de traduire devant la justice *tous* les suspects des crimes nationaux-socialistes[229]. Malgré cette prise de conscience amère ou, autrement dit, la grande déception de voir un parquet clore un dossier d'enquête préliminaire constitué pourtant après tant de difficultés, l'équipe de Ludwigsburg a poursuivi son travail précisément en raison de la signification historienne que celui-ci commençait à revêtir[230] :

« La poursuite [judiciaire] des crimes nationaux-socialistes approche de sa fin pour des raisons naturelles. Beaucoup [de faits] ont été mis en lumière dans le cadre des enquêtes ; beaucoup peuvent encore être révélés à travers la prise de

---

[228] Cf. l'interview de Wolfram Wiesemann réalisée à Wiesbaden, le 29 novembre 2002, par Marc von Miquel, folio 353.

[229] Voir, à titre d'exemple, l'interview de Helmut Kellermann réalisée à Brême, le 25 novembre 2002, par Marc von Miquel, folio 192. H. Kellermann a été chargé de 1987 à 1988 de l'examen à la *Zentrale Stelle* des listes de l'UNWCC. Il s'est essentiellement centré sur l'euthanasie et les crimes commis dans les camps de concentration.

[230] Cf. l'interview déjà citée de Wolfram Wiesemann, folio 365.

connaissance supplémentaire du matériel existant. Cette dernière [tâche] ne peut qu'être la mission des historiens[231]. »

La Conférence des ministres de la Justice de novembre 1996 a confirmé le propos d'Alfred Streim, quelques mois après son décès inattendu qui avait ranimé les inquiétudes quant à l'avenir de la *Zentrale Stelle*[232]. La justice allemande a alors adopté sa célèbre décision maintenant l'existence de cette institution judiciaire dans son format actuel, jusqu'à ce qu'il y ait encore des crimes nationaux-socialistes sur lesquels enquêter. Cela étant, la Conférence a estimé la même année que les préparatifs concernant les travaux d'archivage de la vaste documentation de la *Zentrale Stelle* pouvaient dès lors commencer. Ce faisant, elle a souligné – et à juste titre – qu'il ne faudrait en aucun cas omettre le lien historique étroit existant entre la *Zentrale Stelle* et la ville de Ludwigsburg, lorsque la mission judiciaire de cette institution céderait la place à une mission exclusivement historienne[233].

---

[231] Cf. Streim Alfred, « Justiz und NS Verbrechen. Die Bedeutung der Zentralen Stelle für die Justiz und die Geschichtswissenschaft », communication déjà citée.

[232] « Goll legt Bilanz ein Jahr nach Amtseinführung vor. " Vertrauen der Bürger in die Justiz stärken " (Goll présente un bilan une année après sa prise de fonction. " Renforcer la confiance des citoyens en la justice " », Communiqué de presse du Ministère de la Justice du Bade-Wurtemberg, 7 p. [ZSL, Dossiers généraux, Classeur 41-1, Instauration et compétence de la *Zentrale Stelle,* Volume II.] Ce document a été signé, le 13 juin 1997, par l'attaché de presse du Ministère.

[233] Extrait de la décision de la Conférence d'automne des Ministres de la Justice des 20-21 novembre 1996 à Bonn, 2 p. [ZSL, Dossiers généraux, Classeur 41-1, Instauration et compétence de la *Zentrale Stelle,* Volume II.] Le point II. 6 concerne les décisions adoptées au sujet de l'avenir de la *Zentrale Stelle.*

Chapitre 6

Quel avenir pour la *Zentrale Stelle* de Ludwigsburg ?

En raison des rumeurs qui circulaient sur la fin prochaine de l'activité de la *Zentrale Stelle* au lendemain du décès d'Alfred Streim, une initiative civique, créée le 27 septembre 1996 à Ludwigsburg, a décidé de s'engager dans un soutien actif à l'institution afin que celle-ci puisse achever son travail judiciaire. L'initiative en question poursuivait, en même temps, l'objectif de commencer une réflexion sur l'héritage à la fois documentaire et symbolique de Ludwigsburg. Il s'agissait du *Förderverein,* son nom allemand complet pouvant se traduire par *Association bénévole de soutien – archives, centre de recherche et lieu de réunion de la Zentrale Stelle de Ludwigsburg pour l'élucidation des crimes nationaux-socialistes* ou, dans sa forme raccourcie, le *Förderverein Zentrale Stelle*[234].

Doté d'une assemblée générale, d'un comité directeur et d'un conseil consultatif, le *Förderverein* a défini sa mission dans le paragraphe 2 de ses statuts de la façon suivante :

« L'objectif de l'association est de préparer la transformation de l'Office central des administrations de la Justice du *Land* en un lieu de recherche et de réunion qui devrait avoir son siège à Ludwigsburg. Ce lieu de recherche et de réunion affectera systématiquement les documents de la *Zentrale Stelle* à la recherche et à l'enseignement, les archivera pour l'avenir, conformément aux dispositions légales, et effectuera un travail de relations publiques. Quand ce but sera

[234] Cf. le paragraphe 1 des Statuts du *Förderverein Zentrale Stelle*. [ZSL, Dossiers généraux, Classeur 41-86, *Förderverein Zentrale Stelle.*] Il s'agit d'un document de deux pages qui a été adopté le 27 septembre 1996.

atteint, les membres décideront d'une nouvelle activité de l'association[235]. »

Soulignons, ici, que l'idée de transformer la *Zentrale Stelle* en un institut de recherche historique et pédagogique avait été évoquée à plusieurs reprises, et ce, dès les premières années d'existence de l'institution judiciaire. En effet, Erwin Schüle l'avait mentionnée une première fois dans un rapport d'activité, en se référant à une lettre de Hans-Günther Seraphim[236]. Ce dernier évoquait un projet de création de centre de recherche commun aux historiens et aux juristes, projet dans lequel les premiers se verraient, toutefois, attribuer un rôle prépondérant. Sur cette proposition de l'historien allemand, Erwin Schüle avait posé une question essentielle : dans ce cas, quel institut prendrait en charge les dossiers d'enquêtes préliminaires et les fichiers de la *Zentrale Stelle* ? L'Institut pour l'histoire du temps présent à Munich, le *Bundesarchiv* de Coblence ou encore le centre d'archives d'un *Land* y figuraient alors au nombre des possibles destinataires[237]. Erwin Schüle s'interrogeait, par

---

[235]*Idem.* La mission du *Förderverein* a été redéfinie, le 12 avril 2007. À compter de cette date, celle-ci a consisté en un soutien accru à la recherche et au travail pédagogique sur les crimes nationaux-socialistes et leur poursuite judiciaire en Allemagne. Le *Förderverein* favorisait également la diffusion des résultats de cette recherche *via* des conférences, colloques ou publications. Voir, sur ce sujet, l'écrit adressé, le 20 mars 2008, par Kurt Schrimm au procureur de la République en chef près du Parquet de Stuttgart. [ZSL, Dossiers généraux, Classeur 41-86, *Förderverein Zentrale Stelle*.]

[236] Hans-Günther Seraphim, un historien souvent sollicité pour la rédaction des rapports destinés aux procès nationaux-socialistes, dirigeait à l'époque le Dépôt d'archives régionales de Göttingen.

[237] Voir le rapport d'activité de la *Zentrale Stelle* de Ludwigsburg 1961 / 1962. [ZSL, Dossiers généraux, Classeur 1-3, Rapports d'activité, Volume 1.] La lettre de l'historien porte la date du 9 juillet 1962.

ailleurs, également, sur la nécessité pour la *Zentrale Stelle* de participer ou non à ce type de travail historien[238].

Même sans envisager la création d'un institut de recherche, E. Schüle avait estimé qu'il serait particulièrement utile de publier certains arrêts exécutoires et documents issus des enquêtes judiciaires préliminaires de Ludwigsburg. Ceux-ci contenaient des renseignements précis sur les exécuteurs et témoins des crimes nationaux-socialistes, contrairement aux autres fonds d'archives étudiés d'habitude par les historiens de l'époque. Par ailleurs, E. Schüle avait avancé l'idée que de telles publications puissent être réalisées avec le concours des historiens de l'Institut pour l'histoire du temps présent de Munich. Ceux-ci connaissaient, d'une part, la documentation judiciaire de Ludwigsburg, d'autre part, rédigeaient souvent des rapports pour les procès de crimes nationaux-socialistes[239].

Des décennies plus tard, Alfred Streim et Willi Dreßen ont, eux aussi, tenté de former " un département historique " au sein même de la *Zentrale Stelle*. Ils avaient, en fait, estimé qu'il n'était pas possible de transférer, du jour au lendemain, la documentation de Ludwigsburg aux historiens, sans initier ces derniers au traitement de cette documentation si particulière, accumulée par le travail de la *Zentrale Stelle*. En ce sens, A. Streim avait,

---

[238] Cf. le rapport d'activité rédigé, le 24 juillet 1963, par Erwin Schüle. [ZSL, Dossiers généraux, Classeur 1-3, Rapports d'activité, Volume 1.]

[239] Cf. le rapport d'activité de la *Zentrale Stelle* de Ludwigsburg pour l'année 1962 rédigé par Erwin Schüle, 11 p. [ZSL, Dossiers généraux, Classeur 1-3, Rapports d'activité, Volume 1.] Précisons encore une fois qu'E. Schüle semblait favoriser plus un projet de publication de documents sélectionnés de la *Zentrale Stelle* que l'idée de créer un centre de recherche.

comme nous l'avons déjà rapporté, essayé d'intégrer Ruth Bettina Birn à l'équipe de Ludwigsburg : une démarche qui avait, toutefois, avorté en raison de difficultés financières. Willi Dreßen, le successeur d'A. Streim, avait tenté, à son tour, à la fin des années 90, d'obtenir un poste pour Volker Rieß, un historien allemand spécialisé dans les crimes par euthanasie perpétrés par le IIIe Reich. Celui-ci connaissait donc également la documentation de Ludwigsburg. Là non plus, la démarche entreprise par W. Dreßen n'avait pas été, cependant, couronnée de succès[240]. Le *Förderverein* avait soutenu cette idée d'attribuer un des postes vacants de magistrat à un historien, afin de permettre à la *Zentrale Stelle* d'entamer en quelque sorte la formation d'une nouvelle équipe à laquelle serait ensuite confiée la documentation de Ludwigsburg[241].

---

240 Cf. le procès-verbal du symposium réalisé, le 1er décembre 1998, sous la direction de Gerhard Hirschfeld, aux archives régionales de Ludwigsburg, 59 pages et 7 pages de transcription corrigée : « Zentrale Stelle Ludwigsburg : Ein Blick auf die aktuelle Forschungslandschaft – Der Blick zurück – Der Blick in die Zukunft (La *Zentrale Stelle* de Ludwigsburg : un regard sur le paysage actuel de la recherche scientifique – Regard en arrière – Regard vers le futur)». [ZSL, Dossiers généraux, Classeur 41-90, 40 ans d'existence de la *Zentrale Stelle* de Ludwigsburg, Volume I.]

241 Cf. « Die Zentrale Stelle der Landesjustizverwaltungen in neuer Form : ein Konzept für den Übergang (La *Zentrale Stelle* des administrations de la Justice du *Land* sous une forme nouvelle : un concept pour la transition) », janvier 1998, 2 p. [ZSL, Dossiers généraux, Classeur 41-86, *Förderverein Zentrale Stelle.*] Le document distingue la *Zentrale Stelle sous son ancienne forme* de la *Zentrale Stellesous sa nouvelle forme*, ce qui implique de penser, encore une fois, que le *Förderverein* songeait à une transformation de l'institution judiciaire en une institution de recherche et d'enseignement.

Ce fut Klaus-Peter Runzer[242] qui, le premier, réfléchit concrètement à l'édification d'une institution de recherche susceptible de voir le jour à partir du travail entrepris par la *Zentrale Stelle*, tout en élaborant une ébauche de projet. À l'instar de plusieurs autres réflexions formulées sur le sujet, Runzer parla aussi d'une transformation de l'institution judiciaire en un institut à la fois de recherche et d'enseignement. La ville de Ludwigsburg, siège de la *Zentrale Stelle*, offrait, à cette fin précise, un emplacement propice à la réalisation du projet en question, puisqu'elle possédait déjà un institut universitaire pédagogique et se situait, de surcroît, à proximité de l'Université de Stuttgart : deux établissements où l'équipe du nouvel institut pourrait assurer des cours pour les étudiants ou proposer des séminaires de formation aux enseignants[243].

Toujours selon l'ébauche du projet de Klaus-Peter Runzer, ce projet serait mis en application par une équipe restreinte composée d'un historien habilité à diriger des recherches, d'un directeur administratif, d'une secrétaire et de doctorants bénéficiant d'une bourse, dont le budget total pourrait atteindre entre 50 000 et 100 000 DM par an. Autrement dit, cet institut assurerait, non seulement, des enseignements pour l'Institut universitaire pédagogique de Ludwigsburg et l'Université de Stuttgart, mais elle formerait aussi elle-même, en outre, des étudiants qui

[242] Klaus-Peter Runzer était à l'époque le directeur adjoint de l'Institut universitaire public Schiller à Ludwigsburg.

[243] « Institut zur Erforschung der NS-Gewaltverbrechen. Ein Forschungsinstitut in Ludwigsburg (Institut pour l'étude des crimes nationaux-socialistes. Un institut de recherche à Ludwigsburg) », 2 p. Document adressé, le 2 mai 1995, par Klaus-Peter Runzer à la *Zentrale Stelle* de Ludwigsburg. [ZSL, Dossiers généraux, Classeur 41-1, Instauration et compétence de la *Zentrale Stelle*, Volume II.]

seraient spécialisés sur les thèmes de recherche relevant du travail de la *Zentrale Stelle*[244].

Comment les citoyens sont-ils devenus passivement des instruments de la politique meurtrière du IIIe Reich ? Quelles possibilités ceux-ci avaient-ils de s'opposer à l'État de terreur ? Telles sont quelques-unes des premières questions que les historiens de l'institut de recherche pourraient par exemple aborder, d'après Klaus-Peter Runzer. Les résultats de leurs travaux, d'une part, feraient l'objet de publications selon divers formats, et de l'autre, serviraient de support à la réalisation d'expositions itinérantes. L'ébauche de Runzer avait également prévu de recourir à des techniques de conservation d'archives modernes, l'objectif poursuivi, ici, étant, de faciliter l'accès des chercheurs au fonds de Ludwigsburg, mais aussi de mieux protéger l'ensemble des documents composant ce fonds[245].

Étudiant ces questions, les historiens bénéficieraient, de plus, de l'avantage de pouvoir illustrer leurs travaux à l'aide d'exemples concrets, tirés des dossiers d'enquêtes préliminaires de la *Zentrale Stelle*. En effet, la documentation de Ludwigsburg contient des données précises non seulement sur les crimes nationaux-socialistes, mais aussi sur la procédure de poursuite judiciaire de ces crimes par les magistrats ouest-allemands. Le *Förderverein* s'est fixé, par ailleurs, pour but

---

[244] *Idem*. Klaus-Peter Runzer avait estimé que quatre doctorants pourraient, au début, accomplir le travail de l'institut sous la direction de l'historien habilité.

[245] Cf. « Institut zur Erforschung der NS-Gewaltverbrechen. Ein Forschungsinstitut in Ludwigsburg (Institut pour l'étude des crimes nationaux-socialistes. Un institut de recherche à Ludwigsburg) », document déjà cité.

de compléter la documentation de la *Zentrale Stelle* en versant à celle-ci les dossiers de travail des anciens employés de l'institution. Klaus-Peter Runzer et son équipe avaient également envisagé d'ajouter au fonds de Ludwigsburg les archives des parquets. Ces derniers, même s'ils recevaient les dossiers d'enquêtes judiciaires préliminaires de la *Zentrale Stelle*, souvent ne partageaient pas les données issues de leurs propres travaux avec leurs collègues de Ludwigsburg[246].

Il convient, ici, de préciser que des enseignants d'université avaient déjà pu préparer leurs cours, en utilisant la documentation de la *Zentrale Stelle*. Ce faisant, la pratique avait précédé l'esprit des projets qui prévoyaient de créer un institut historique à Ludwigsburg. Le professeur Peter Steinbach avait notamment organisé un séminaire de recherche à Marburg et Passau, en partie en coopération avec des spécialistes de droit. Ce séminaire qui avait accueilli majoritairement des juristes, mais aussi des historiens, politologues et linguistes, avait été structuré autour d'une étude systématique des documents sélectionnés dans les dossiers de la *Zentrale Stelle*. Claudia Steur avait également fait usage de cette documentation pour un de ses cours. Sur la base de cette expérience positive, elle avait exprimé, lors du symposium organisé à l'occasion du 40ème anniversaire de la *Zentrale Stelle*, tout comme le professeur Steinbach, son souhait d'assurer ce type d'activité d'enseignement à Ludwigsburg, au siège même de l'institution : le lieu qui, selon C. Steur, devrait

[246] Cf. « Die Zentrale Stelle der Landesjustizverwaltungen in neuer Form : ein Konzept für den Übergang (La *Zentrale Stelle* des administrations de la Justice du *Land* sous une forme nouvelle : un concept pour la transition) », janvier 1998, 2 p.

d'ailleurs conserver les archives, afin de devenir un " centre de recherche et de documentation[247] ".

L'année 2000 a été, en quelque sorte, l'année de naissance de la *Zentrale Stelle sous sa nouvelle forme*, à une différence près. Au lieu d'être directement transformée en un centre de recherche, l'institution judiciaire avait accueilli, dans son bâtiment à Ludwigsburg, un bureau externe du *Bundesarchiv*. De plus, même si le poste de l'historien habilité n'était toujours pas financé, les modalités d'une coopération avec l'Université de Stuttgart étaient en voie d'être réglées. Ce processus étant entamé, Klaus-Peter Runzer avait envoyé à Willi Dreßen et à Joachim Riedel, ainsi qu'à Heinz-Ludger Borgert, le premier directeur du *Bundesarchiv* de Ludwigsburg, des documents (des statuts, accompagnés d'une prise de position écrite) contenant notamment des informations relatives à l'organisation et aux objectifs du *Förderverein*. En même temps, il les avait invités à prendre part à une réunion, fixée initialement au 17 octobre dans les locaux des Archives régionales de Ludwigsburg, au 3, rue Arsenalplatz[248].

Nous pouvons effectivement constater, en consultant plusieurs correspondances échangées entre la direction de la *Zentrale Stelle* et Klaus-Peter Runzer, que le *Förderverein* avait souhaité, dès le début, favoriser la participation active des magistrats à la gestation de la nouvelle institution de Ludwigsburg. Bien plus, il avait également

---

[247] Cf. le procès-verbal du symposium réalisé, le 1er décembre 1998, sous la direction de Gerhard Hirschfeld, aux archives régionales de Ludwigsburg.

[248] Lettre adressée, le 15 avril 2000, par Klaus-Peter Runzer à Joachim Riedel. [ZSL, Dossiers généraux, Classeur 41-86, *Förderverein Zentrale Stelle*.]

tenté d'inciter les citoyens de la ville à s'engager dans le processus de formation de la *Zentrale Stelle sous sa nouvelle forme*. Un des premiers documents publics du *Förderverein*, qui présentait une exposition intitulée *Traces du ghetto de Łódź 1940-1944*, contenait de brèves informations sur cette association. Il incluait aussi des renseignements sur les statuts du *Förderverein*, de même que le formulaire d'adhésion à l'association, appelant ainsi les visiteurs à soutenir l'exposition qui était une des premières manifestations organisées par l'initiative civique de Ludwigsburg[249].

La réunion prévue entre le *Förderverein*, le *Bundesarchiv* de Ludwigsburg et la *Zentrale Stelle*, pour discuter des futures tâches à assigner à la *Zentrale Stelle* selon les magistrats de Ludwigsburg et Heinz-Ludger Borgert, fut finalement avancée au 7 juillet 2000 et eût lieu dans le bâtiment blanc de la 58-rue Schorndorfer[250]. L'ordre du jour de cette réunion ou, selon la formule de Runzer, de cette " journée d'étude ", incluait également un exposé du professeur Wolfram Pyta sur la future coopération entre l'Université de Stuttgart et la *Zentrale Stelle sous sa nouvelle forme*[251]. À cette période, le principe de financement d'un poste d'historien avait été accepté, même si, dans un premier temps, il avait été accordé pour

---

249 Le document d'une page, signé conjointement par Klaus-Peter Runzer et Ingrid Hönlinger, était, d'ailleurs, intitulé *Invitation à la participation au Förderverein Zentrale Stelle*. [ZSL, Dossiers généraux, Classeur 41-86, *Förderverein Zentrale Stelle*.]

250 Lettre adressée, le 5 mai 2000, par Klaus-Peter Runzer à Joachim Riedel. [ZSL, Dossiers généraux, Classeur 41-86, *Förderverein Zentrale Stelle*.]

251 Lettre adressée, le 28 juin 2000, par Klaus-Peter Runzer à Joachim Ridel. [ZSL, Dossiers généraux, Classeur 41-86, *Förderverein Zentrale Stelle*.]

une période limitée à trois années[252]. La précision était d'une importance capitale, puisque la Cour des comptes du Bade-Wurtemberg s'était une nouvelle fois prononcée, dans un rapport daté d'août 1990, pour une vision restrictive de l'avenir de la *Zentrale Stelle*, uniquement inspirée par la prise en compte des seules préoccupations budgétaires. Le " centre de documentation ", qui naîtrait de cette institution judiciaire devrait être financé par le *Bund*, c'est-à-dire l'État fédéral allemand. Selon la Cour des comptes du Bade-Wurtemberg, il ne pouvait donc, en aucune manière, être question de répartir des coûts entre les *Länder*. Dans ce contexte, il reviendrait au *Bund* de décider où et à quel titre il mettrait en place le centre de documentation en question[253]. L'argument, comme on le voit, ne prenait guère en considération des questions aussi cruciales que de savoir si le siège de la *Zentrale Stelle* serait maintenu ou non à Ludwigsburg, ou encore la signification du lieu, au niveau international, pour la recherche historique.

L'Université de Stuttgart et le Ministère de la recherche scientifique du Bade-Wurtemberg ayant

---

[252] Écrit adressé, le 10 juillet 2000, par Klaus-Peter Runzer à Joachim Riedel. [ZSL, Dossiers généraux, Classeur 41-86, *Förderverein Zentrale Stelle*.] Cet écrit contient, en annexe, le compte-rendu de la réunion du Conseil du 7 juillet 2000 à la *Zentrale Stelle* / au *Bundesarchiv* de Ludwigsburg. Ce document a été rédigé par Klaus-Peter Runzer et Ingrid Hönlinger ; désormais le compte-rendu de la réunion du Conseil du 7 juillet 2000. Soulignons que, dans un autre document, la période d'activité initiale de la *Forschungsstelle* Ludwigsburg figure comme quatre années. Cf. le protocole des résultats de la réunion du 6 décembre 2001 qui s'est tenue au *Bundesarchiv*.

[253] Lettre adressée, le 20 octobre 1998, par Willi Dreßen à Wolfram Pyta. [ZSL, Dossiers généraux, Classeur 41-1, Instauration et compétence de la *Zentrale Stelle*, Volume II.] L'extrait du rapport de la Cour des comptes du Bade-Wurtemberg a été cité par Willi Dreßen.

accepté de financer conjointement le poste d'historien[254], un centre de recherche a été finalement créé au mois d'avril 2001, sous les auspices de l'Université de Stuttgart, à Ludwigsburg. Ce centre est abrité dans le même bâtiment blanc dans lequel étaient réunis, depuis une année, la *Zentrale Stelle* et un bureau externe du *Bundesarchiv*. La première équipe était composée de Wolfram Pyta, le directeur du centre, de Klaus-Michael Mallmann, le directeur scientifique, de Volker Rieß, un historien et de Heidrun Baur, une secrétaire. Joachim Riedel a participé, aux côtés de cette équipe, à la conférence de presse qui a été organisée à l'occasion de l'inauguration du centre, appelé dans sa forme courte en allemand *Forschungstelle Ludwigsburg*[255] : un signe qui indiquait clairement le soutien de la *Zentrale Stelle* à la nouvelle initiative historienne.

Le professeur Wolfram Pyta a énoncé, à l'occasion d'une autre conférence de presse réalisée deux ans plus tard, les principaux axes de recherche de la *Forschungsstelle* Ludwigsburg. Cette conférence visait à présenter la première publication[256] du centre, tout en soulignant l'intérêt porté par son équipe à l'étude des exécuteurs des crimes nationaux-socialistes

---

[254] Cf. l'exposé du professeur Wolfram Pyta présenté pendant la réunion du Conseil du 7 juillet 2000. Voir, sur ce sujet, le compte-rendu déjà cité de cette réunion.

[255] Voir la note rédigée, le 3 mai 2001, par Joachim Riedel, 2 p. [ZSL, Dossiers généraux, Classeur 41-82, Institut de recherche de l'Université de Stuttgart.]

[256] Mallmann Klaus-Michael (dir.), Pyta Wolfram (dir.), Riess Volker (dir.), *Deutscher Osten 1939-1945. Der Weltanschauungskrieg in Photos und Texten* (L'Est allemand 1939-1945. La guerre idéologique dans les photos et les textes), Darmstadt, Wissenschaftliche Buchgesellschaft, 2003, 204 p.

(*Täterforschung*)[257]. La *Forschungsstelle* travaillant avec une équipe restreinte, devait, en effet, concentrer son attention sur quelques thèmes choisis. Outre la problématique qui visait à examiner la transformation " d'hommes ordinaires[258] " en exécuteurs de la politique meurtrière nationale-socialiste, l'équipe historienne de Ludwigsburg s'intéressait également aux crimes contre l'humanité et au génocide perpétrés sous l'autorité du IIIe Reich. S'il s'agit-là d'un thème largement abordé, Wolfram Pyta avait souligné, à juste titre, que la documentation de la *Zentrale Stelle* permettait aux chercheurs de découvrir de nouvelles données sur l'histoire de cette période. Le travail de poursuite judiciaire constituait un autre axe de recherche privilégié par la *Forschungsstelle*. Wolfram Pyta avait, enfin, proposé un quatrième axe de recherche qui, selon lui, pourrait être abordé par les chercheurs dans le cadre de futurs projets autour d'une problématique historico-culturelle générale : dans quelles circonstances le travail de poursuite judiciaire des crimes nationaux-socialistes pourrait-il s'ancrer solidement dans la mémoire culturelle allemande [259] ? En dépit d'un

---

[257] Cf. le discours prononcé par le professeur Wolfram Pyta, chaire d'Histoire contemporaine, le 10 avril 2003, à l'occasion de la Conférence de presse à Stuttgart. [ZSL, Dossiers généraux, Classeur 41-82, Institut de recherche de l'Université de Stuttgart.]

[258] L'expression est empruntée au livre déjà cité de Christopher Browning qui a exposé l'une des problématiques principales de la *Täterforschung*.

[259] Pyta Wolfram, « Das Ludwigsburger Drei-Säulen-Modell : Eine Bilanz aus geschichtswissenschaftlicher Sicht (Le modèle des trois pilliers de Ludwigsburg : un bilan du point de vue historien) » *in Die Ausstrahlung der Zentralen Stelle auf die juristische und gesellschaftliche Auseinandersetzung mit der NS-Verbrechensgeschichte* (L'impact de la *Zentrale Stelle* sur la confrontation judiciaire et sociale avec l'histoire des crimes nationaux-socialistes), Cérémonie et symposium à

programme de recherche initial circonscrit à quelques problématiques, W. Pyta ne renonçait pas à son objectif de départ qui consistait à transformer la *Forschungsstelle* Ludwigsburg " en un centre de référence internationale pour la recherche sur l'Holocauste [260] ".

Le début des années 2000 a ainsi vu l'entrée en vigueur du modèle dit des trois pilliers (*Drei-Säulen-Modell*), un concept forgé par Ulrich Goll, alors Ministre de la Justice du Bade-Wurtemberg[261]. Parallèlement à la *Zentrale Stelle* qui poursuivait son activité judiciaire, un bureau externe du *Bundesarchiv* avait entamé, au mois d'avril 2000, un travail d'archivage, initiative qui avait précédé d'un an la mise en place de la *Forschungsstelle* dont l'équipe était chargée de monter des projets historiques à partir de la documentation de Ludwigsburg.

La mission renouvelée de la *Zentrale Stelle* qui a commencé à cohabiter avec l'équipe de deux initiatives nouvelles, avait reçu le soutien indéfectible du *Förderverein* qui avait agi, dès le début de son existence, comme un groupe de pression défendant, auprès des autorités politiques et scientifiques, l'héritage documentaire et symbolique de l'institution judiciaire à Ludwigsburg. L'ensemble de ces établissements, chargés, chacun d'entre eux, d'une mission différente, autrement

---

l'occasion des 50 ans d'existence de l'Office central des administrations de la Justice du *Land* pour l'élucidation des crimes nationaux-socialistes, les 1er et 2 décembre 2008 à Ludwigsburg, documentation publiée par le Ministère de la Justice du Bade-Wurtemberg, avril 2009, pp. 80-83.

[260] Cf. le compte-rendu de la réunion du Conseil scientifique du Bundesarchiv-Bureau externe de Ludwigsburg du 9 mars 2006. [ZSL, Dossiers généraux, Classeur 41-85, Conseil scientifique.] Document signé, le 3 avril 2006, par Andreas kunz et Robert Kretzschmar.

[261] Cf. l'article déjà cité de Wolfram Pyta, p. 79.

dit la *Zentrale Stelle,* le *Förderverein,* le Bureau externe du *Bundesarchiv* et la *Forschungsstelle,* s'étaient par ailleurs réunis au sein d'un Conseil scientifique unique. Sur ce sujet précis, Hartmut Weber, le directeur du *Bundesarchiv* de l'époque, avait reçu de Julian Nida-Rümelin, alors Ministre d'État pour la culture et les médias, la mission de former cet organe qui devait rassembler des universitaires et des experts. C'est ce Conseil qui allait appuyer le travail du *Bundesarchiv* qui avait été chargé de l'archivage d'une grande partie de la documentation issue des enquêtes de la *Zentrale Stelle,* afin de la rendre disponible à la recherche historique. Il devrait aussi orienter le nouveau Bureau externe, établi à Ludwigsburg, dans le choix de ses axes de recherche et de ses objectifs de travail[262].

Conformément aux premières ébauches, il avait été prévu de créer un Conseil composé des représentants du *Land* du Bade-Wurtemberg, de la ville de Ludwigsburg, de la *Forschungsstelle* Ludwigsburg, du *Förderverein,* ainsi que des membres des institutions locales telles que la Maison de l'histoire du Bade-Wurtemberg, la Centrale régionale pour la formation politique et la Direction régionale des archives du Bade-Wurtemberg. Les directeurs de la *Zentrale Stelle* et du Bureau externe du *Bundesarchiv* Ludwigsburg, tout comme Hartmut Weber lui-même, feraient partie du Conseil scientifique sans toutefois disposer d'un droit de vote leur permattant de prendre part au processus de décision. Trois enseignants et deux représentants d'autres établissements scientifiques qui poursuivaient un travail de formation

[262] Lettre adressée, le 3 juillet 2001, par le professeur Hartmut Weber à Kurt Schrimm, 2 p. [ZSL, Dossiers généraux, Classeur 41-85, Conseil scientifique.]

historico-politique, y prendraient également part. Ce Conseil, formé pour une durée initiale de quatre années, devrait se réunir, en principe, une fois par an. Les tâches administratives telle que la rédaction des comptes-rendus des réunions incombait au directeur du Bureau externe du *Bundesarchiv* Ludwigsburg[263].

Ces modalités ayant été approuvées, la première réunion constituante du Conseil s'est tenue le 6 décembre 2001 dans la salle 18 du Bureau externe de Ludwigsburg. Les représentants des quatre établissements qui étaient concernés, au premier chef, par le travail et l'avenir de la *Zentrale Stelle* y prirent la parole dans l'ordre suivant : d'abord le Bureau externe de Ludwigsburg, puis la *Zentrale Stelle* et, enfin, la *Forschungsstelle*. Le *Förderverein* intervint aussi à la suite d'un bref débat qui avait porté sur la possibilité d'utiliser à des fins achivo-pédagogiques certins documents de Ludwigsburg.

Les autres points de l'ordre du jour de cette première réunion qui furent discutés étaient relatifs à l'organisation administrative et aux missions du Conseil scientifique. Cette discussion déboucha, par la suite, sur l'élection, pour le Conseil, d'un Président et de son représentant[264]. Si le Bureau externe de Ludwigsburg, l'hôte principal de la réunion, avait prévu de montrer aux membres du

---

[263] *Idem*. Voir, également, sur ce sujet, l'ébauche du règlement intérieur du Conseil scientifique au *Bundesarchiv* - Bureau externe de Ludwigsburg. [ZSL, Dossiers généraux, Classeur 41-85, Conseil scientifique.]

[264] Sur la proposition de Hartmut Weber, le Conseil a élu le professeur Wilfried Schöntag de la Direction régionale des archives du Bade-Wurtemberg, en tant que président et Herbert Bölter du Ministère de la Justice du Bade-Wurtemberg comme son représentant. Voir le protocole déjà cité des résultats de la réunion du 6 décembre 2001 réalisé au *Bundesarchiv*.

Conseil[265] les locaux du *Bundesarchiv*, le temps avancé ne leur a permis toutefois que d'en faire brièvement le tour[266].

Les réunions annuelles suivantes du Conseil scientifique permirent aux représentants des différentes initiatives à Ludwigsburg de discuter ensemble des projets communs à développer concernant la question de la gestion documentaire et symbolique de la *Zentrale Stelle*. Certains de ces projets ont pu être concrétisés, tandis que la mise en application d'autres a dû être reportée ou abandonnée. Le *Förderverein* avait ainsi annoncé, lors de la première réunion du Conseil scientifique, son intention de poser sa candidature, en février 2002, auprès de la Commission communale. Celle-ci envisageait de confier, à différentes associations de Ludwigsburg, la gestion des pavillons baroques qui se situaient aux portes de la ville. Le *Förderverein* avait fait part de son souhait de recevoir la responsabilité pour celui qui était localisé à l'entrée du bâtiment de la *Zentrale Stelle*, sur la 58-rue Schondorfer. Elle entendait, en effet,

---

265 Le premier Conseil scientifique du *Bundesarchiv* de Ludwigsburg a été formé par Wilfried Schöntag, Herbert Bölter, Hartmut Weber, Heinz-Ludger Borgert, Kurt Schrimm, Wolfram Pyta, Klaus-Peter Runzer, Christof Eichert, Norbert Frei, professeur à l'Université de Ruhr à Bochum, Peter Steinbach, professeur à l'Université libre de Berlin, Siegfried Schiele, directeur de la Centrale régionale pour la formation politique et Thomas Schnabel, directeur de la Maison de l'histoire du Bade-Wurtemberg. Cf. la liste de coordonnées des membres du Conseil scientifique – état actuel au 6 décembre 2001. [ZSL, Dossiers généraux, Classeur 41-85, Conseil scientifique.]

266 Cf. la lettre adressée, le 5 septembre 2001, par Hartmut Weber à Kurt Schrimm. [ZSL, Dossiers généraux, Classeur 41-85, Conseil scientifique.] Cette lettre est accompagnée d'une ébauche de l'ordre du jour de la réunion et d'un projet de statuts pour le Conseil.

faire de celui-ci la vitrine extérieure de l'institution judiciaire et du Bureau externe du *Bundesarchiv*[267].

La question du projet du pavillon baroque fut, de nouveau, abordée par le Conseil scientifique lors de sa seconde réunion en mars 2002. Christof Eichert, le premier bourgmestre de Ludwigsburg, affirma alors qu'il ne partageait guère l'idée de constituer une sorte de " lieu de mémoire ", comme cela apparaissait dans les suggestions mentionnées à l'occasion de discussions publiques. Au contraire, il penchait plutôt en faveur d'une formule du style : " conduire les visiteurs au-delà du mur ". Il souhaitait, à cette fin, réfléchir avec l'équipe du *Bundesarchiv* à une utilisation appropriée du pavillon en question[268]. Ce dernier avait, en effet, commencé à accueillir, depuis septembre 2004, une exposition permanente consacrée au travail des magistrats de la *Zentrale Stelle*. Plus que d'accueillir une telle exposition, ce lieu avait été intégré à l'activité pédagogique assurée par le Bureau externe du *Bundesarchiv* depuis le début des années 2000. Une partie des visites scolaires qui s'effectuaient à Ludwigsburg se déroulait, en effet, dans le pavillon baroque dont le sous-sol, que l'on pouvait apercevoir à travers une vitrine, avait été transformé en l'exemple d'un bureau de procureur de la *Zentrale Stelle* tel qu'il avait pu exister dans les années 60.

Le professeur Peter Steinbach avait proposé, quant à lui, un projet alternatif qui consisterait à encadrer la

---

[267] Cf. le protocole des résultats de la réunion du 6 décembre 2001 réalisé au *Bundesarchiv*.

[268] Cf. le compte-rendu de la réunion du Conseil scientifique du *Bundesarchiv*-Bureau externe de Ludwigsburg réalisé, le 14 mars 2002. [ZSL, Dossiers généraux, Classeur 41-85, Conseil scientifique.] Document signé par Heinz-Ludger Borgert et Wilfried Schöntag.

rédaction d'une thèse de doctorat sur la vie et l'œuvre d'Adalbert Rückerl. Si Joachim Riedel et Tobias Herrmann, le troisième directeur du *Bundesarchiv* de Ludwigsburg, avaient soutenu l'entreprise, ils avaient, cependant, avoué leur méconnaissance de la possibilité de réaliser un tel travail sur la base des seuls documents de travail d'A. Rückerl qui étaient conservés à Ludwigsburg [269]. De même, Wolfram Pyta et Peter Steinbach avaient présenté leurs réflexions respectives sur la mise en place d'une formation universitaire complémentaire dans le domaine de l'histoire contemporaine, formation qui serait consacrée, entre autres thèmes, à l'analyse critique des archives : une idée qui avait reçu le soutien total du Conseil, mais qui, encore aujourd'hui, n'a toujours pas trouvé un terrain propice pour se concrétiser[270]. Dans le même ordre d'idées, un recueil qui se voulait être un bilan de la recherche internationale sur la Shoah n'a pas, non plus, jusqu'à présent, débouché sur une publication. Ce travail, qui devait être réalisé en coopération avec Yad Vashem et le Musée de l'Holocauste à Washington DC, a été toutefois annoncé par Wolfram Pyta en mars 2006[271].

Peu importe qu'il s'est agi d'un projet achevé ou avorté, la coopération entre les différentes initiatives – archives, recherche universitaire, engagement civique – et

---

[269] Cf. le compte-rendu de la réunion du Conseil scientifique du *Bundesarchiv*-Bureau externe de Ludwigsburg réalisée le 12 mars 2009. [ZSL, Dossiers généraux, Classeur 41-85, Conseil scientifique.] Document signé, le 27 mars 2009, par Tobias Herrmann.

[270] Cf. le compte-rendu de la réunion du Conseil scientifique du *Bundesarchiv*-Bureau externe de Ludwigsburg réalisé, le 14 mars 2002.

[271] Cf. le compte-rendu de la réunion du Conseil scientifique du *Bundesarchiv*-Bureau externe de Ludwigsburg réalisée le 9 mars 2006.

la *Zentrale Stelle* en matière de gestion de l'héritage documentaire et symbolique de cette institution a toujours été évaluée positivement dans les comptes-rendus des réunions du Conseil scientifique à Ludwigsburg. À titre d'exemple, le 14 mars 2002, au cours de la seconde réunion du Conseil, Herbert Bölter et Peter Steinbach avaient jugé positivement, chacun de leur côté, l'approche pragmatique qui avait été adoptée à la fois par la *Zentrale Stelle* et le *Bundesarchiv* dans le souci de régler les problèmes qui avaient pu naître de leur cohabitation, dès le début, dans le bâtiment de la 58-rue Schorndorfer[272]. Malgré cette évaluation positive, partagée à l'unanimité par tous les représentants des différentes initiatives de Ludwigsburg[273], le début de la nouvelle ère à la *Zentrale Stelle*, à partir de l'année 2000, ne fut pas exempt de malentendus, voire de tensions. L'installation d'un Bureau externe du *Bundesarchiv* dans ce bâtiment de la rue Schorndorfer en fut l'expression particulière, puisqu'elle montra que la *Zentrale Stelle sous sa nouvelle forme* connaîtrait une naissance plutôt difficile.

---

[272] Cf. le protocole des résultats de la réunion du Conseil scientifique du *Bundesarchiv*-Bureau externe de Ludwigsburg réalisé, le 14 mars 2002.

[273] À titre d'exemple, Joachim Riedel a affirmé que la coopération de la *Zentrale Stelle* avec le Bureau externe de Ludwigsburg a été, dès le début, excellente. Cf. le compte-rendu de la réunion du Conseil du 7 juillet 2000.

Chapitre 7

Émergence d'un nouveau Bureau externe du *Bundesarchiv*

Le Bureau externe du *Bundesarchiv* débuta son activité, le 3 avril 2000, dans le bâtiment blanc, à Ludwigsburg, qui accueillait jusqu'alors seulement l'équipe des magistrats allemands. Cette date marque, en d'autres termes, le début de l'ère de la *Zentrale Stelle sous sa nouvelle forme*. Même si, on attendait une transformation institutionnelle, celle-ci a été donc caractérisée par la cohabitation entre un établissement judiciaire approchant de la fin de sa mission et une initiative archiviste appelée à endosser davantage de responsabilités dans la gestion de l'héritage de la documentation de Ludwigsburg. Il convient, ici, de préciser que le *Förderverein,* bien qu'il soit installé depuis peu dans un bureau du bâtiment de la 58-rue Schorndorfer, a agi comme un acteur externe apportant son soutien, de façon égale, à tous les établissements impliqués dans la réflexion sur l'avenir de la *Zentrale Stelle*. La *Forschungsstelle,* de son côté, qui s'est établie à Ludwigsburg un an après le *Bundesarchiv,* n'a coopéré avec l'institution judiciaire que dans des " cas exceptionnels[274] ". L'installation du Bureau externe a donc réellement correspondu à un tournant dans l'histoire de la *Zentrale Stelle*.

[274] Cf. le rapport d'activité de la *Zentrale Stelle* de Ludwigsburg pour la période du 1er janvier au 31 décembre 2009, 13 p. [ZSL, Dossiers généraux, Classeur 1-3, Rapports d'activité, Volume 5.] Document signé, le 6 octobre 2010, par Kurt Schrimm.

Comme nous l'avons déjà mentionné, le *Bundesarchiv* a été considéré, et ce dès les années 60[275]-70[276], comme l'un des établissements susceptibles d'être en capacité de recevoir la documentation de Ludwigsburg. Environ deux décennies plus tard, alors que la fin de la mission de l'institution judiciaire semblait enfin arriver, Alfred Streim a adopté, cependant, une position décisive et hostile au transfert des dossiers de Ludwigsburg au *Bundesarchiv*.

En effet, le procès-verbal du symposium, qui eut lieu à l'occasion du 30ème anniversaire de la *Zentrale Stelle*, permet aux lecteurs de saisir, lors du débat public, une certaine tension entre Alfred Streim et un représentant du *Bundesarchiv*. Alfred Streim y défendit l'idée que les chercheurs ne pourraient plus accéder aux documents judiciaires, lorsque ceux-ci seraient transférés d'un parquet à un établissement d'archives. En formulant ce propos, A. Streim manifestait une réticence forte à envisager, même à titre d'hypothèse, la possibilité d'un transfert des dossiers de la *Zentrale Stelle* au *Bundesarchiv* :

« Admettons pour une fois, même si cela ne se passerait pas de cette façon, et notre Ministre a déjà évoqué une autre chose, mais admettons que nos documents aillent au *Bundesarchiv* ou à l'Institut pour l'histoire du temps présent. Tout ne serait-il pas alors fini[277] ? »

---

[275] C'est Willi Dreßen qui a précisé ce point. Cf. le procès-verbal du symposium réalisé, le 1er décembre 1998, sous la direction du professeur Gerhard Hirschfeld, aux Archives régionales de Ludwigsburg.

[276] Cf. l'interview déjà citée de Wolfram Wiesemann, folio 353.

[277] Cf. le procès-verbal du débat public du symposium intitulé *Die Bedeutung der Zentralen Stelle für Justiz und Geschichtswissenschaft* (La signification de la *Zentrale Stelle* pour la justice et la science historique), document déjà cité.

En termes plus précis, Alfred Streim se préoccupait des délais d'attente légaux que les administrations d'archives pourraient opposer aux demandes de consultation émanant de chercheurs, dans la mesure où les documents de Ludwigsburg, à l'instar de ceux provenant d'autres institutions judiciaires, contenaient un grand nombre de données personnelles. Il avançait aussi l'hypothèse que les établissements d'archives mettraient de longues années avant d'achever le travail de classement des documents pour les mettre ensuite à la disposition de la recherche historique.

Le représentant du *Bundesarchiv*, qui apparaît dans le procès-verbal du symposium sous le nom de Buchmann, avait catégoriquement refuté les arguments d'Alfred Streim, en fondant sa réponse sur la loi relative au fonctionnement du *Bundesarchiv*. Cette loi établissait des règles claires concernant l'accès des historiens aux pièces d'archive, voire envisageait la possibilité de réduire les délais d'attente[278] lorsque l'on souhaitait consulter des documents contenant des données privées pour un travail de recherche. Buchmann, qui dirigeait au *Bundesarchiv* le Service chargé des questions liées au droit d'utilisation, avait affirmé, en outre, qu'il accordait quotidiennement, à certains visiteurs, l'autorisation d'accéder à ce type de pièces d'archive, après, évidemment, avoir vérifié que ceux-ci les utiliseraient bien dans le cadre d'un travail de recherche. Ces explications semblent toutefois, à l'époque, ne pas avoir satisfait Alfred Streim. Ce dernier avait

[278]*Idem*. Selon la section 2 du paragraphe 5 de la loi du *Bundesarchiv*, un délai de 110 ans devait s'écouler après la date de naissance ou de 30 ans à la suite du décès d'une personne ayant fait l'objet d'une enquête, avant de pouvoir consulter un document contenant des données privées sur elle.

clôturé le débat public du symposium, en insistant, une nouvelle fois, sur le fait que le *Bundesarchiv* ne déciderait pas du sort de la documentation de la *Zentrale Stelle*, mais que le dernier mot, là-dessus, reviendrait à la Conférence des Ministres de la Justice[279].

Cette méfiance manifestée par Alfred Streim à l'égard du *Bundesarchiv* était, en réalité, bien connue ; elle a même fait l'objet d'un document public du *Förderverein* dans le cadre de la présentation de ses activités. Ce document, intitulé *Cela me cause un grand souci*, reprend les paroles d'Alfred Streim, prononcées par celui-ci, le 8 mars 1995, lors de la visite de l'Institut universitaire public de Ludwigsburg à la *Zentrale Stelle*. Ce " grand souci " consistait à voir la vaste documentation sur les crimes nationaux-socialistes, documentation que l'institution judiciaire avait réunie au cours d'un travail acharné réalisé au fil de plusieurs décennies, disparaître dans les dépôts du *Bundesarchiv* de Coblence. C'est pourquoi il préférait plutôt l'intégrer à l'Université de Stuttgart ou aux Archives du *Land* du Bade-Wurtemberg[280].

S'opposant donc vivement à la solution du *Bundesarchiv* et persuadé de la signification particulière de la documentation de Ludwigsburg pour la formation politique, Alfred Streim a estimé, à juste titre, que les dossiers de la *Zentrale Stelle* devaient rester sur place pour y être utilisés dans le cadre de projets pédagogiques[281] :

---

[279] *Idem.*

[280] Cf. l'interview de Willi Dreßen réalisée à Ludwigsburg, le 15 octobre 2002, par Marc von Miquel, folio 110.

[281] Cf. la fiche d'une page, imprimée recto-verso par le *Förderverein Zentrale Stelle* et intitulée « *Das macht mir grosse Sorge* (Cela me cause un grand souci)...» [ZSL, Dossiers généraux, Classeur 41-86, *Förderverein Zentrale Stelle*.]

« … quelle que soit la forme – Ludwigsburg doit persister, persister, pour éviter les fautes du passé[282]. »

Willi Dreßen, qui a pris la direction de la *Zentrale Stelle* après le décès d'Alfred Streim, ne partageait pas les préoccupations de son prédécesseur sur cette question de la non pertinence d'une coopération future avec le *Bundesarchiv*. Il avait, d'ailleurs, qualifié l'attitude négative de Streim de " lutte contre les ailes d'un moulin à vent[283] ". Lors des premiers contacts entre le *Bundesarchiv* et la *Zentrale Stelle*, W. Dreßen, conscient de la tension qui existait entre ces deux établissements, avait adopté une attitude prudente et conciliante envers son interlocuteur, le professeur Friedrich Kahlenberg, le directeur du *Bundearchiv* de l'époque [284] . Le problème qui avait préoccupé Streim, c'est-à-dire le transfert des dossiers de Ludwigsburg à Coblence, avait été écarté dès ces premières prises de contact. Lors du symposium organisé à l'occasion du 40ème anniversaire de la *Zentrale stelle*, le professeur Kahlenberg a, effectivement, évoqué la possibilité de maintenir les documents à Ludwigsburg, à condition que les dépenses nécessaires, afin d'y entretenir

---

[282] *Idem*.

[283] Cf. le procès-verbal du symposium réalisé, le 1er décembre 1998, sous la direction du professeur Gerhard Hirschfeld, aux Archives régionales de Ludwigsburg.

[284] Willi Dreßen a affirmé à ce sujet que, face au professeur Kahlenberg, il avait dû " parler en étant tout miel ", afin de le convaincre de son absence de méfiance de principe envers le *Bundesarchiv*. Cf. l'interview de Willi Dreßen réalisée à Ludwigsburg, le 15 octobre 2002, par Marc von Miquel, folio 110.

un bureau externe, soient partagées avec le Bade-Wurtemberg[285].

Le processus, qui a débouché sur la création de ce Bureau externe de Ludwigsburg, a, tout d'abord, revêtu la forme d'un certain nombre de visites effectuées à la *Zentrale Stelle,* vers la fin des années 90, par des représentants du *Bundesarchiv.* Il s'agissait alors, pour ces derniers, de jeter un coup d'œil à la documentation de Ludwigsburg, afin d'examiner son état de conservation, de cotation et de classement. Ils devaient aussi s'informer de la politique d'accueil des chercheurs qui avait été mise en place par les magistrats de la *Zentrale Stelle.*

Une lettre adressée, le 18 mars 1997, par le professeur Kahlenberg au Ministère de la Justice du Bade-Wurtemberg, résume les résultats de deux visites effectuées, les 21 janvier et le 13 février de cette même année, par des employés du *Bundesarchiv*[286]. D'après les rapports rédigés pour chacune des deux visites, le travail de classement et de cotation des dossiers d'enquêtes préliminaires de la *Zentrale Stelle* a été réalisé de façon détaillée, à la fois selon le nom des acteurs (accusés-suspects-témoins) et le lieu où avait été perpétré le crime. Un travail supplémentaire dans ces fichiers ou au niveau de la collection de documents ne s'avérait donc pas nécessaire. Cela réfutait les informations diffusées à la fois

---

285 Cf. le procès-verbal du symposium réalisé, le 1er décembre 1998, sous la direction du professeur Gerhard Hirschfeld, aux Archives régionales de Ludwigsburg.

286 Cf. la lettre adressée, le 18 mars 1997, par le professeur Friedrich Kahlenberg du *Bundesarchiv* au Ministère de la Justice du Bade-Wurtemberg, 2 p. [ZSL, Dossiers généraux, Classeur 41-1, Instauration et compétence de la *Zentrale Stelle,* Volume II.] Cette lettre inclut des extraits des deux rapports rédigés sur les visites mentionnées dans le texte.

dans la presse et dans le rapport d'activité précédent de la *Zentrale Stelle*. Ces deux sources avaient estimé qu'en cas de transfert des dossiers de Ludwigsburg à Coblence, le *Bundesarchiv* aurait besoin d'un temps important – de " plusieurs années ou décennies " - pour pouvoir achever le travail de cotation et de classement[287].

L'état de conservation de la documentation de Ludwigsburg avait également été qualifié de satisfaisant par les employés du *Bundesarchiv*. De simples mesures accessoires pouvaient être envisagées, par exemple celle consistant à ranger les dossiers, disposés sur les étagères, dans des boîtes d'archives, afin de les protéger de la lumière et de la poussière. Par ailleurs, le premier rapport, qui fut élaboré à la suite de la visite du 21 janvier, évoquait la possibilité d'informatiser les fichiers. Un membre de la *Zentrale Stelle*, fort probablement Willi Dreßen, avait écrit, avec un stylo noir, à côté de cette phrase deux traits, suivis des mots : " oui, très bonne proposition[288]!!! " Il avait ainsi montré son accord total avec une telle mesure d'amélioration.

Sinon, les employés du *Bundesarchiv* avaient estimé qu'il était parfaitement possible de continuer à communiquer les archives de la *Zentrale Stelle* aux chercheurs sans leur opposer de quelconques restrictions dans l'accès. Tout au plus, faisaient-ils observer, il était possible d'améliorer la pratique d'accueil des visiteurs à Ludwigsburg en mettant en place, à leur disposition, une

---

[287] Voir l'extrait du document Bundesarchiv B 2 – 2526 / 1 concernant la visite du Dr. Büttner et d'un employé nommé Bauer à la *Zentrale Stelle* de Ludwigsburg. [ZSL, Dossiers généraux, Classeur 41-1, Instauration et compétence de la *Zentrale Stelle*, Volume II.] Ce document porte la date du 23 janvier 1997.

[288] *Idem*.

salle de lecture. En fait, les chercheurs étaient, à l'époque, installés un par un dans les bureaux de la *Zentrale Stelle*, dont les portes étaient toujours surmontées des noms d'anciens employés de cette institution judiciaire. Cela s'avérait tout à fait possible ; le nombre d'employés ayant diminué de cent vingt à environ vingt-cinq, il y avait suffisamment de places dans le bâtiment abritant la *Zentrale Stelle* depuis 1966[289]. Avant de commencer à étudier les archives qu'ils avaient commandées, chacun des visiteurs devait remplir et signer un formulaire. À la suite de quoi, ils recevaient les dossiers, préparés par les employés de bureau ou ceux de la Collection des documents, qui leur étaient apportés, par des agents de justice[290]. En transmettant ces données au Ministère de la Justice du Bade-Wurtemberg, le professeur Kahlenberg avait assuré, en contrepartie, à la *Zentrale Stelle* le soutien logistique du *Bundesarchiv* pour résoudre l'ensemble de ces questions[291].

Malgré l'approche positive adoptée par l'initiative archiviste, il faut, ici, préciser que le rapport du 23 janvier 1997 sous-estime, dans l'un de ses paragraphes, la valeur de la documentation de Ludwigsburg. En effet, l'auteur du rapport affirme, premièrement, que c'est plutôt son état de cotation et de classement détaillé, et non pas son contenu en soi, qui confère à cette documentation son

---

[289] *Idem.*

[290] Cf. la note rédigée sur la visite du 13 février 1997 à la *Zentrale Stelle* de Ludwigsburg, 3 p. [ZSL, Dossiers généraux, Classeur 41-1, Instauration et compétence de la *Zentrale Stelle*, Volume II.] Ce document, daté du 18 février 1997, porte la cote du *Bundesarchiv* de B2 – 2526 / 1.

[291] Cf. la lettre adressée, le 18 mars 1997, par le professeur Kahlenberg du *Bundesarchiv* au Ministère de la Justice du Bade-Wurtemberg, 2 p.

importance significative. Ce faisant, il insiste sur le caractère incomplet des dossiers relatifs aux crimes nationaux-socialistes détenus par la *Zentrale Stelle*, puisque les parquets compétents en charge des affaires ne lui ont pas régulièrement communiqué la documentation réunie dans le cadre de leurs propres travaux. Ce commentaire révèle, cependant, le faible niveau de connaissances de l'employé en question concernant les informations réunies dans les dossiers de Ludwigsburg : informations permettant aux chercheurs de retrouver des données relatives à des crimes de masse qui, d'ordinaire, n'ont laissé que très peu de traces, et ce, en offrant la possibilité de " mettre un visage " sur les différents acteurs de l'époque : les exécuteurs, complices, témoins et victimes des crimes nationaux-socialistes. Deuxièmement, le rapport suggère, à tort encore, que la recherche historique avait pu, en partie, se libérer de sa dépendance vis-à-vis des archives de Ludwigsburg à la suite de la publication de la collection de Christiaan F. Rüter[292]. Or, il faut immédiatement préciser, sur ce sujet, que les dossiers d'enquêtes préliminaires, issus du travail de la *Zentrale Stelle*, contiennent des données brutes – différentes catégories de déposition, des documents fragmentaires rassemblés sur la bureaucratie du IIIe Reich, des rapports relatifs à l'état d'avancement des enquêtes judiciaires - que les historiens peuvent utiliser alors qu'ils tentent de reconstituer le fil des événements de l'époque nationale-socialiste. En revanche, les arrêts correspondent déjà à une reconstitution à la fois judiciaire et historienne toute faite qui a été opérée par les magistrats des parquets.

---

[292] Voir l'extrait du document Bundesarchiv B 2 – 2526 / 1 concernant la visite du Dr. Büttner et d'un employé nommé Bauer à la *Zentrale Stelle* de Ludwigsburg.

Quoi qu'il en soit, le contact entre le *Bundesarchiv* et la *Zentrale Stelle* s'intensifia dans le courant de l'année 1999 pour déboucher sur un accord préparatoire réglant le transfert d'une grande partie des dossiers de Ludwigsburg vers le *Bundesarchiv*. Selon cet accord, la *Zentrale Stelle* poursuivrait sa mission pendant une durée encore incertaine, jusqu'à ce que l'État allemand soit en mesure de mettre un terme définitif au travail de poursuite judiciaire des crimes nationaux-socialistes[293]. En même temps, le *Bundesarchiv* établirait un Bureau externe à Ludwigsburg, afin de prendre en charge les dossiers de la *Zentrale Stelle*, constitués de 1958 à 1999, qui ne seraient plus utilisées à des fins judiciaires. Au cas où celle-ci devrait, malgré tout, consulter un dossier déjà transmis au Bureau externe, elle jouirait alors d'un droit d'accès prioritaire à cette documentation par rapport à d'autres visiteurs de Ludwigsburg. Concernant les nouvelles enquêtes préliminaires achevées après l'entrée en vigueur de cet accord, il était stipulé qu'elles feraient l'objet d'un examen minutieux par les magistrats de la *Zentrale Stelle* qui décideraient ensuite de leur transfert au *Bundesarchiv*[294].

---

[293] Une note de trois pages rédigée, le 17 janvier 2000, par le *Bundesarchiv*, au sujet d'une visite effectuée par son équipe, le 12 janvier 2000, à Ludwigsburg, rapportait que la *Zentrale Stelle* poursuivrait encore son travail pendant une durée approximative de dix années. [ZSL, Dossiers généraux, Classeur 41-1, Instauration et compétence de la *Zentrale Stelle*, Volume II.]

[294] Voir le projet d'accord relatif à la prise en charge, par le *Bundesarchiv*, des documents de l'Office central des administrations de la Justice du *Land* pour l'élucidation des crimes nationaux-socialistes à Ludwigsburg, 3 p. [ZSL, Dossiers généraux, Classeur 41-1, Instauration et compétence de la *Zentrale Stelle*, Volume II.] Ce document porte la date du 23 avril 1999.

Ce document, qui serait signé à la fois par le *Bund* et les seize *Länder*, a été attentivement lu par un employé de la *Zentrale Stelle* qui, à l'aide d'un stylo noir, a apporté quelques corrections sur le papier en question. Deux de ces corrections, figurant ci-dessous entre crochets, peuvent être présentées de la façon suivante :

« La *Zentrale Stelle* [le *Land* du Bade-Wurtemberg] met gratuitement à la disposition du *Bundesarchiv* pour ce Bureau externe à Ludwigsburg les locaux nécessaires. [Le mot " nécessaires " est rayé et remplacé par un terme illisible.][295] »

Là encore, il s'agit probablement d'une correction qui a été apportée par Willi Dreßen, le directeur de l'institution judiciaire de l'époque, qui souhaitait vraisemblablement rendre les dispositions de l'accord plus favorables à la *Zentrale Stelle*. Dans la version finale de cet accord, qui est entré en vigueur le 1er janvier 2000, la première proposition de correction a été approuvée et incorporée au texte, tandis que le mot " nécessaire " a été maintenu[296].

Soucieux de prévenir la survenue de tout conflit de compétence entre son institution et le *Bundesarchiv*, Willi Dreßen avait formulé, dans une lettre datée du 28 juillet 1999, un certain nombre de remarques concernant cet accord. À cette occasion, il avait notamment tenu à insister sur la poursuite de la mission de la *Zentrale Stelle* ; il n'était donc aucunement question de considérer que l'institution était uniquement occupée à clore les dernières enquêtes en cours. Les magistrats de Ludwigsburg attendaient, plus précisément, des

---

[295] *Idem*.

[296] Cf. l'Accord relatif à la prise en charge, par le *Bundesarchiv*, des documents de l'Office central des administrations de la Justice du *Land* pour l'élucidation des crimes nationaux-socialistes à Ludwigsburg, 3 p.

documents en provenance de la Pologne qui leur permettraient d'ouvrir l'instruction de nouveaux dossiers d'enquêtes préliminaires. De même, ceux-ci devaient continuer à soutenir le travail juridique de pays tels que les États-Unis, le Canada et l'Italie. Ils assuraient aussi une entraide administrative qui donnait lieu à un important échange de correspondances avec, par exemple, les bureaux de retraite. De plus, l'équipe de la *Zentrale Stelle* poursuivaient son travail de développement du fichier central de l'institution : une tâche qui ne consistait pas uniquement en l'ajout de nouvelles cartes dans ce fichier, mais qui nécessitait aussi et surtout de compléter les données figurant sur les cartes déjà existantes. Cette tâche, qui ne pouvait être accomplie que par des spécialistes familiarisés avec ce type de travail[297], montrait clairement, comme l'a affirmé Hartmut Weber, que le Bureau externe de Ludwigsburg continuerait de recevoir des archives " vivantes ", appelées pendant encore un certain temps à s'accroître régulièrement[298].

Willi Dreßen avait enfin estimé dans sa lettre du 28 juillet, que la *Zentrale Stelle* devrait, en outre, durant la période de transition, continuer à encadrer la recherche historique à Ludwigsburg. D'après lui, cette proposition du maintien de la pratique d'accueil des chercheurs, telle qu'elle était assurée par la *Zentrale Stelle* depuis des décennies, ne devait pas être interprétée comme l'expression d'une volonté d'empêcher les historiens

---

[297] Écrit adressé, le 28 juillet 1999, par Willi Dreßen au Ministère de la Justice du Bade-Wurtemberg, 5 p. [ZSL, Dossiers généraux, Classeur 41-1, Instauration et compétence de la *Zentrale Stelle*, Volume 2.]

[298] Cf. le compte-rendu de la réunion du 6 décembre 2001 réalisé au *Bundesarchiv*.

d'accéder aux dossiers de Ludwigsburg : le prestige international dont jouit cette institution judiciaire, en raison précisément de sa politique d'accueil favorable à la recherche historique, attestait bien du contraire. W. Dreßen visait plutôt, par sa proposition, à initier les employés du *Bundesarchiv* de Coblence à la prise de connaissance de cette documentation de nature particulière[299].

Le *Bundesarchiv* a refusé ce dernier point " avec détermination ". Les employés de cette institution bénéficiaient d'une expérience de plusieurs décennies en matière d'encadrement des chercheurs ou d'autres catégories de visiteurs dans les archives[300]. Par ailleurs, Hartmut Weber envisageait, en ce qui concerne notamment la période de transition, l'existence d'un soutien mutuel entre les deux établissements comme une évidence, qui ne nécessitait donc pas la conclusion d'un règlement supplémentaire. Quant aux autres questions soulevées par W. Dreßen, H. Weber avait estimé que l'accord y apportait des réponses suffisamment claires. Seuls les dossiers qui ne présentaient plus guère d'intérêt pour le travail judiciaire seraient transmis au *Bundesarchiv*. Et si la *Zentrale Stelle* devait, malgré tout,

---

[299] Écrit adressé, le 28 juillet 1999, par Willi Dreßen au Ministère de la Justice du Bade-Wurtemberg, 5 p.

[300] En dépit de la détermination manifestée par le *Bundesarchiv*, la *Zentrale Stelle* a poursuivi, pendant encore un certain temps, de répondre aux correspondances et aux demandes d'accès aux dossiers de Ludwigsburg qui lui ont été adressées par Yad Vashem. Cf. le rapport d'activité de la *Zentrale Stelle* de Ludwigsburg pour la période du 1er janvier au 31 décembre 2002, 27 p. [ZSL, Dossiers généraux, Classeur 1-3, Rapports d'activité, Volume 5.] Document signé, le 12 mai 2003, par Kurt Schrimm.

avoir besoin de consulter un tel dossier, elle bénéficierait d'un droit d'accès prioritaire[301].

Les principes de l'accord relatif à la prise en charge des dossiers de la *Zentrale Stelle* par le *Bundesarchiv* ayant été ainsi discutés, les deux parties ont entamé une négociation sur d'autres points, d'ordre pratique. Le premier d'entre eux a consisté à décider quelles salles du bâtiment blanc du 58-rue Schorndorfer, seraient désormais attribuées au *Bundesarchiv*[302]. Ce dernier avait réclamé des bureaux pour ses cinq employés, ainsi qu'une pièce plus grande afin de l'aménager en une salle de lecture. Les deux établissements devaient, en plus, prévoir un espace de travail provisoire pour l'équipe chargée d'examiner un certain nombre de dossiers concernant les droits à la retraite[303]. Selon ces premières négociations, le bâtiment de la rue Schorndorfer [304]

---

[301] Lettre adressée, le 9 août 1999, par le *Bundesarchiv* au Ministère de la Justice du Bade-Wurtemberg, 2 p. [ZSL, Dossiers généraux, Classeur 41-1, Instauration et compétence de la *Zentrale Stelle*, Volume 2.] H. Weber avait précisé dans sa réponse que le transfert des dossiers généraux au *Bundesarchiv* pourrait faire l'objet d'un accord séparé.

[302] Voir la note du 7 septembre 1999, rédigée par Herbst, 1 p. [ZSL, Dossiers généraux, Classeur 41-1, Instauration et compétence de la *Zentrale Stelle*, Volume 2.]

[303] Lettre adressée, le 17 décembre 1998, par le *Bundesarchiv* au Ministère de la Justice du Bade-Wurtemberg. [ZSL, Dossiers généraux, Classeur 41-1, Instauration et compétence de la *Zentrale Stelle*, Volume 2.]

[304] Lettre adressée, le 22 décembre 1998, par la *Zentrale Stelle* de Ludwigsburg au Ministère de la Justice du Bade-Wurtemberg, 2 p. [ZSL, Dossiers généraux, Classeur 41-1, Instauration et compétence de la *Zentrale Stelle*, Volume 2.] Il était question d'un terrain d'une surface approximative de 2312 m^2, dont 1250 m^2 seraient utilisés par le bâtiment blanc qui réunirait, désormais, en un seul lieu, la *Zentrale Stelle* et le *Bundesarchiv*.

passerait, en principe, au *Bundesarchiv* ; la *Zentrale Stelle* y recevrait un espace de travail dans la mesure où cela s'avérerait nécessaire. Les vingt-cinq employés de l'institution judiciaire resteraient, quant à eux, dans leurs bureaux. En revanche, les locaux tels que les salles de registres, de visiteurs et de conférence, seraient abandonnés au *Bundesarchiv*. Un transfert de la bibliothèque et du fichier central à cet établissement semblait, également, possible à la *Zentrale Stelle*[305], à condition que ses propres employés puissent y conserver leurs bureaux[306].

À côté des questions d'ordre logistique, les dossiers généraux contiennent également les indices d'une certaine inquiétude éprouvée par les employés de la justice à Ludwigsburg. Ceux-ci craignaient, en effet, de perdre leurs postes à la suite de la dissolution définitive de l'institution. C'est pourquoi, sur une question écrite que lui avait adressée le délégué du personnel de la

[305] Le premier paragraphe de la Convention de jouissance, établie entre les deux parties, indique que la surface totale des salles cédées à l'utilisation du *Bundesarchiv* s'élèverait à 744,21 m^2. Voir la Convention de jouissance du 26 octobre 1999, 5 p. [ZSL, Dossiers généraux, Classeur 41-1, Instauration et compétence de la *Zentrale Stelle*, Volume 2.]

[306] Note du Bureau III du 16 août 1999 et l'écrit du même jour adressé, par le Ministère de la Justice du Bade-Wurtemberg, au directeur de la *Zentrale Stelle*, 3 p. [ZSL, Dossiers généraux, Classeur 41-1, Instauration et compétence de la *Zentrale Stelle*, Volume 2.] Ce document, intitulé *L'avenir de la Zentrale Stelle*, incluait un tableau exposant les modalités de partage des salles du bâtiment du 58-rue Schorndorfer. Les corrections, qui y étaient reportées au moyen d'un crayon, indiquaient, toutefois, qu'il ne s'agissait pas encore d'un partage définitif.

Zentrale Stelle[307], Willi Dreßen avait contacté Hartmut Weber, afin de lui demander si le *Bundesarchiv* envisageait d'embaucher les employés expérimentés de la *Zentrale Stelle,* lorsque le travail judiciaire à Ludwigsburg toucherait à sa fin[308]. Ce à quoi H. Weber n'a pu apporter de réponse précise, le *Bundesarchiv* devant auparavant procéder à un examen de sa situation en matière de ressources humaines[309].

Finalement, trois mois environ après l'entrée en vigueur de l'accord réglant la question du transfert des dossiers de la *Zentrale Stelle,* le Bureau externe du *Bundesarchiv* a entamé son travail, le 3 avril 2000, dans le bâtiment du 58-rue Schorndorfer, avec une équipe composée uniquement de deux employés : Heinz-Ludger Borgert, le premier directeur de ce Bureau externe et un autre fonctionnaire chargé des questions administratives. La situation du personnel ne semblant pas pouvoir évoluer dans un proche avenir, le quotidien de la *Zentrale Stelle* n'avait pas connu, à l'origine, de modification significative ; l'équipe de l'institution judiciaire avait continué d'accomplir les tâches qu'elle effectuait d'ordinaire, même s'il est vrai que le *Bundesarchiv* était désormais compétent dans certains de ces domaines[310].

---

[307] Lettre adressée, le 22 octobre 1999, par le délégué du personnel de la *Zentrale Stelle* au *Bundesarchiv*. [ZSL, Dossiers généraux, Classeur 41-1, Instauration et compétence de la *Zentrale Stelle,* Volume 2.]

[308] Lettre adressée, le 22 octobre 1999, par Willi Dreßen au *Bundesarchiv*. [ZSL, Dossiers généraux, Classeur 41-1, Instauration et compétence de la *Zentrale Stelle,* Volume 2.]

[309] Lettre adressée, le 15 novembre 1999, par le *Bundesarchiv* à la *Zentrale Stelle* de Ludwigsburg. [ZSL, Dossiers généraux, Classeur 41-1, Instauration et compétence de la *Zentrale Stelle,* Volume 2.]

[310] Lettre adressée, le 18 avril 2000, par la *Zentrale Stelle* de Ludwigsburg au Ministère de la Justice du Bade-Wurtemberg, 4 p.

La *Zentrale Stelle* avait affiché, du moins dans une correspondance destinée au Ministère de la Justice du Bade-Wurtemberg, une certaine réticence à mettre son personnel administratif à la disposition du nouveau Bureau externe[311]. Le rapport d'activité qui informait du transfert des dossiers de Ludwigsburg au *Bundesarchiv,* avait cependant révélé que sa position était plus favorable, dès lors que la mission d'entraide administrative qu'elle assurerait au Bureau externe dans différents domaines – tels que le fichier central, la bibliothèque, la salle de photocopies - ne constituerait pas d'entrave à son activité judiciaire[312].

Les tâches qui seraient assurées, à partir d'avril 2000, par ce Bureau externe étaient aussi différemment perçues par les deux-parties prenantes au " modèle-à-deux-établissements ". Si Joachim Riedel évoquait, notamment, la possibilité de décharger la *Zentrale Stelle sous son ancienne forme* de ses tâches non-judiciaires comme par exemple l'accueil des visiteurs à Ludwigsburg, l'équipe du Bureau externe envisageait sa mission sous un tout autre angle. Elle entendait sécuriser sur le long terme les dossiers d'enquête préliminaire de la *Zentrale Stelle,* puis mettre ceux-ci à la disposition des visiteurs qui souhaiteraient les consulter[313]. Afin de réaliser ces deux objectifs prioritaires pour tout établissement d'archives, le

---

[ZSL, Dossiers généraux, Classeur 41-1, Instauration et compétence de la *Zentrale Stelle,* Volume 2.]

[311] *Idem.*

[312] Cf. le rapport d'activité de la *Zentrale Stelle* de Ludwigsburg pour la période du 1er juillet 1999 au 30 juin 2000, 29 p. [ZSL, Dossiers généraux, Classeur 1-3, Rapports d'activité, Volume 5.] Document signé, le 15 août 2000, par Willi Dreßen.

[313] Cf. le compte-rendu déjà cité de la réunion du Conseil du 7 juillet 2000.

Bureau externe de Ludwigsburg avait amélioré, d'une part, les conditions de dépôt de conservation des dossiers d'enquêtes préliminaires. De l'autre, il avait préparé une salle de lecture capable d'accueillir jusqu'à huit visiteurs[314]. Ces premières mesures avaient été suivies d'autres travaux visant, tous, à protéger cette documentation qui présentait une signification particulière pour la recherche historique. Parmi ces travaux, nous pouvons citer encore, à titre d'exemple, le contrôle des anciennes installations électriques du bâtiment, la mise en place d'un détecteur d'incendie, la vérification des conditions climatiques dans les dépôts, ainsi que la surveillance par vidéo de la salle de lecture[315].

Cette divergence de perception sur ce que devait être la mission du nouveau Bureau externe a suscité nombre de malentendus, voire des tensions, en particulier au moment où l'équipe du *Bundesarchiv* a commencé à accomplir certaines tâches qui, jusqu'alors, avaient été assurées exclusivement par la *Zentrale Stelle*.

---

[314] *Idem.*

[315] Cf. le compte-rendu du 15 mars 2007 de la réunion du Conseil scientifique au *Bundesarchiv*-Bureau externe de Ludwigsburg. [ZSL, Dossiers généraux, Classeur 41-85, Conseil scientifique.]

Chapitre 8

Le *Bundesarchiv* à Ludwigsburg : quand la *Zentrale Stelle* n'est plus le " maître des dossiers[316] "

L'accueil des visiteurs a constitué un premier point de divergence entre la *Zentrale Stelle* et le nouveau Bureau externe du *Bundesarchiv*. À ce sujet précis, Joachim Riedel a formulé un reproche à Heinz-Ludger Borgert, dans un bilan qu'il a dressé sur leur coopération au bout de six mois. J. Riedel y critiquait, notamment, le fait que le Bureau externe autorisait les visiteurs à entrer librement dans la salle abritant le fichier central : une documentation contenant, pourtant, des données personnelles qu'il convenait encore de préserver de la curiosité du public ou encore des informations confidentielles relatives à des enquêtes judiciaires en cours[317].

Environ cinq semaines plus tard, Kurt Schrimm, le directeur de la *Zentrale Stelle*, a abordé cette même question dans un autre écrit adressé au directeur du *Bundesarchiv*. Celui-ci s'inquiétait, en particulier, de ce que les visiteurs pouvaient toujours consulter le fichier central et y lire entièrement les cartes de leurs choix, alors que, jusqu'à la mise en place du Bureau externe, seul un groupe restreint d'employés de la *Zentrale Stelle* avait

---

[316] Expression utilisée par Joachim Riedel, directeur adjoint de la *Zentrale Stelle* de 2000 à 2009. Cf. la note rédigée, le 28 mars 2002, par Joachim Riedel, 2 p. [ZSL, Dossiers généraux, Classeur 41-88, Le Dr. Rolf Königstein, pédagogue - Bureau externe du *Bundesarchiv*.]

[317] Lettre adressée, le 29 septembre 2000, par Joachim Riedel à Heinz-Ludger Borgert, 5 p. [ZSL, Dossiers généraux, Classeur 41-1, Instauration et compétence de la *Zentrale Stelle*, Volume 2.]

l'autorisation d'y accéder. Les visiteurs se promenaient également librement dans les salles où étaient consignés les dossiers d'enquêtes préliminaires. Cela s'opposait, de fait, à la pratique d'accueil générale effectuée aux archives, où le visiteur est, en principe, tenu de préciser son thème de recherche, pour lequel il recevrait des fonds d'archives spécifiques à étudier[318].

K. Schrimm ne manqua pas de citer, dans son écrit, un exemple concret illustrant la nécessité absolue de protéger les données réunies dans le fichier central. Lors d'un procès conduit devant le Tribunal de grande instance de Ravensburg, un avocat avait notamment mis en cause la déposition du seul témoin oculaire qui avait observé sept meurtres perpétrés par un ancien *SS-Untersturmführer*. L'avocat avait alors avancé l'idée que ce témoin n'avait pas, lui-même, vécu l'événement en question, mais avait tout simplement lu, dans les archives de la *Zentrale Stelle*, les dossiers d'enquête judiciaires qui avaient été auparavant menées contre ce même suspect. Devant une telle accusation, K. Schrimm ne pouvait qu'apporter au tribunal la preuve de ce que le caractère confidentiel des données relatives au fichier central et aux dossiers d'enquêtes en cours était parfaitement protégé à Ludwigsburg. Comme les chercheurs provoquaient aussi parmi les dossiers un désordre qu'il serait, par la suite, difficile à remédier, K. Schrimm avait demandé à Heinz-Ludger Borgert de fixer des heures de visites strictes, prévoyant, de plus, l'instauration d'une pause à midi[319].

---

[318] Lettre adressée, le 7 novembre 2000, par Kurt Schrimm à Heinz-Ludger Borgert, 3 p. [ZSL, Dossiers généraux, Classeur 41-1, Instauration et compétence de la *Zentrale Stelle*, Volume 2.]
[319] *Idem.*

Le *Bundesarchiv* manifesta son accord sur le principe de ne pas laisser les visiteurs entrer seuls dans la salle du fichier central. Heinz-Ludger Borgert souligna que, dans quelques cas, le Bureau externe devrait néanmoins déroger à cette règle. En termes plus précis, il citait l'exemple d'une doctorante qui préparait une thèse sur les surveillantes des camps de concentration. Pour ce travail, celle-ci devait consulter les fiches de plus de deux cents personnes. Étant donné la situation en matière de personnel à Ludwigsburg, il n'était guère possible d'attribuer ce travail à un employé du *Bundesarchiv* ou de la *Zentrale Stelle*. En revanche, Heinz-Ludger Borgert avait proposé de conserver séparément les fiches concernant les enquêtes judiciaires en cours pour les déposer dans le bureau administratif de la *Zentrale Stelle*. Par ailleurs, le directeur du *Bundesarchiv* assurait que les documents de Ludwigsburg étaient communiqués aux seuls visiteurs qui manifestaient au préalable un intérêt justifié[320].

Ce problème des visiteurs livrés à eux-mêmes dans leur recherche des dossiers, a perduré encore pendant quelques mois entre les deux établissements à Ludwigsburg. Le 6 avril 2001, Joachim Riedel a rédigé une longue note résumant un nouveau cas de divergence sur le sujet. Cette fois, un employé de la *Zentrale Stelle* avait informé le directeur adjoint de l'institution judiciaire qu'un visiteur du *Bundesarchiv* avait reçu un dossier, dont l'accès était toutefois interdit aux tierces personnes. Sur cela, J. Riedel avait voulu entrer en contact avec Heinz-Ludger Borgert qui était cependant parti en vacances. Le

320 Note rédigée, le 8 novembre 2000, par Kurt Schrimm au sujet d'une conversation qu'il avait eue avec Heinz-Ludger Borgert, 2 p. [ZSL, Dossiers généraux, Classeur 41-1, Instauration et compétence de la *Zentrale Stelle*, Volume 2.]

second fonctionnaire qu'il avait voulu voir étant ce jour-là malade, le directeur adjoint de la *Zentrale Stelle* avait enfin pu parler du sujet avec une employée administrative du *Bundesarchiv*, avant de s'adresser au visiteur Kaspar D. Ce dernier avait étudié un dossier complet[321], puis en avait fait des photocopies, bien qu'une note, figurant en avertissement au début du dossier, ait explicitement interdit aux chercheurs de le consulter. Après en avoir informé l'employée du *Bundesarchiv*, J. Riedel avait décidé de confisquer le dossier en question, tout en rassurant le visiteur sur le fait qu'il recevrait bien ses photocopies[322].

En terminant sa note du 6 avril, le directeur adjoint de la *Zentrale Stelle* insistait, encore une fois, sur la nécessité de ne pas permettre aux visiteurs de prendre eux-mêmes les dossiers qu'ils souhaitaient étudier. Sur ce point précis, le faible effectif du *Bundesarchiv* ne pouvait, selon J. Riedel, constituer une excuse[323]. Kurt Schrimm avait soutenu le point de vue de son représentant dans une nouvelle lettre qu'il avait envoyée, trois jours plus tard, à Heinz-Ludger Borgert. Selon le directeur de la *Zentrale Stelle*, cette demande n'avait rien d'extraordinaire ; dans toutes les archives qu'il avait été amené à visiter lui-même pour son travail judiciaire, y compris au *Bundesarchiv*, ce fut toujours un employé de ces établissements qui lui avait communiqué les documents qu'il avait auparavant choisis sur un inventaire. De même, K. Schrimm a souligné, à nouveau, l'obligation, pour le Bureau externe de Ludwigsburg, de vérifier si l'accès à un dossier avait

321 Ce dossier porte la cote de 508 AR 1293 / 68.

322 Note rédigée, le 6 avril 2001, par Joachim Riedel, 5 p. [ZSL, Dossiers généraux, Classeur 41-1, Instauration et compétence de la *Zentrale Stelle*, Volume 2.]

323 *Idem.*

été provisoirement suspendu ou non, avant de le mettre à la disposition d'un visiteur[324].

Face à ce reproche permanent, Heinz-Ludger Borgert a rédigé, tout d'abord, une lettre rappelant clairement que le Bureau externe de Ludwigsburg, reposant sur la loi du *Bundesarchiv,* ne permettrait pas à la *Zentrale Stelle* de " filtrer ", en quelque sorte, les documents pouvant être transmis aux chercheurs. Selon lui, cela contredirait, également, la pratique libérale de cette institution concernant l'accueil des visiteurs, une pratique de longues années lui ayant d'ailleurs conféré son prestige international justifié. Un changement de politique de la part des magistrats ne manquerait pas de susciter, en outre, des questionnements sur l'intention réelle de la *Zentrale Stelle*[325]. Lorsque Kurt Schrimm recontacta Heinz-Ludger Borgert, en avril 2001, sur ce même sujet, ce dernier lui proposa, cette fois, de convenir d'une date de réunion ; le directeur du Bureau externe souhaitait, en effet, saisir cette occasion pour expliquer à la *Zentrale Stelle* le concept du *Bundesarchiv* et sa mission à

---

[324] Lettre adressée, le 9 avril 2001, par Kurt Schrimm à Heinz-Ludger Borgert, 2 p. [ZSL, Dossiers généraux, Classeur 41-1, Instauration et compétence de la *Zentrale Stelle,* Volume 2.] Dans un autre écrit de quatre pages adressé, le 3 juillet 2001, au Ministère de la Justice du Bade-Wurtemberg, Kurt Schrimm se plaignait toujours du Bureau externe du *Bundesarchiv* qui permettait aux visiteurs de choisir eux-mêmes les documents dans les salles conservant les dossiers. [ZSL, Dossiers généraux, Classeur 41-1, Instauration, compétence et dissolution de la *Zentrale Stelle,* Volume 3.]

[325] Lettre adressée, le 4 décembre 2000, par Heinz-Ludger Borgert à Kurt Schrimm. [ZSL, Dossiers généraux, Classeur 41-1, Instauration, compétence et dissolution de la *Zentrale Stelle,* Volume 2.]

Ludwigsburg[326]. Il avait, fort probablement, pensé que la tension entre son équipe et les magistrats pouvait être surmontée par un dialogue au cours duquel les objectifs poursuivis par les archivistes seraient présentés.

Cela marquait la différence entre la direction de l'institution judiciaire et Heinz-Ludger Borgert. Tant Kurt Schrimm que son représentant ont souvent choisi la voie de la correspondance bureaucratique, à chaque fois qu'il a été question d'aborder un point de divergence concernant le travail du *Bundesarchiv*. Le directeur de la *Zentrale Stelle* avait justifié son choix par sa volonté de documenter les différends, en général, dans l'objectif d'exposer la prise de position de son institution et de la prémunir ainsi de l'accusation injuste d'être motivée par des considérations politiques[327]. Heinz-Ludger Borgert avait, au contraire, privilégié le contact direct plus en mesure de prévenir la survenue de toutes sortes de malentendus entre les deux établissements qui, de fait, devaient cohabiter à Ludwigsburg[328]. Le travail pédagogique, qui a constitué un autre point de divergence entre la *Zentrale Stelle* et le *Bundesarchiv*, illustre parfaitement ces précédentes remarques.

Rolf Königstein, un enseignant du secondaire, avait été affecté par l'Inspection supérieure des écoles de Stuttgart au Bureau externe de Ludwigsburg, où il devait

---

[326] Lettre adressée, le 19 avril 2001, par Heinz-Ludger Borgert à Kurt Schrimm. [ZSL, Dossiers généraux, Classeur 41-1, Instauration, compétence et dissolution de la *Zentrale Stelle*, Volume 2.]

[327] Lettre adressée, le 23 avril 2002, par Kurt Schrimm à Heinz-Ludger Borgert, 4 p. [ZSL, Dossiers généraux, Classeur 41-88, Dr. Rolf Königstein, pédagogue - Bureau externe du *Bundesarchiv*.]

[328] Lettre adressée, le 15 mars 2002, par Heinz-Ludger Borgert à Kurt Schrimm, 2 p. [ZSL, Dossiers généraux, Classeur 41-88, Dr. Rolf Königstein, pédagogue - Bureau externe du *Bundesarchiv*.]

assurer ce travail pédagogique. La prise de contact entre l'enseignant et la *Zentrale Stelle* semble s'être déroulée de façon courtoise. Lors de sa première visite à l'institution judiciaire, Rolf Königstein avait apporté à la direction un exemplaire de sa thèse de doctorat portant sur Alfred Dirr[329], un dirigeant national-socialiste du district de Backnang[330]. De leur côté, Kurt Schrimm et Joachim Riedel avaient aussi prévu d'assurer un encadrement de Rolf Königstein parallèlement à celui déjà réalisé par le Bureau externe du *Bundesarchiv*. C'est à cette fin qu'ils avaient désigné un procureur qui devrait se charger de son accueil à la *Zentrale Stelle*[331].

Un premier incident a néanmoins éclaté, le 16 janvier 2002, entre l'institution judiciaire et Rolf Königstein, au sujet de la visite à Ludwigsburg d'un groupe d'élèves du Lycée Justinus Kerner de Weinsberg. Joachim Riedel a raconté cet incident en détail dans une note qu'il a rédigée, pour les dossiers généraux de la *Zentrale Stelle*.

Peu avant l'arrivée de ce groupe d'élèves, Rolf Königstein avait reproché à Joachim Riedel de vouloir participer à cette activité pédagogique qui était, pourtant, désormais encadrée par lui-même. Le directeur adjoint avait, toutefois, expliqué qu'il souhaitait uniquement faire un bref exposé sur la fondation et le travail de la *Zentrale*

---

329 Königstein Rolf, *Alfred Dirr. NSDAP-Kreisleiter in Backnang : Ein Nationalsozialist und die bürgerliche Gesellschaft* (Alfred Dirr. Le dirigeant de district du parti nazi à Backnang : un national-socialiste et la société civile), Backnang, F. Stroh Verlag, 1999, 324 p.

330 Note rédigée, le 10 novembre 2000, par la *Zentrale Stelle*, 1 p. [ZSL, Dossiers généraux, Classeur 41-88, Dr. Rolf Königstein, pédagogue - Bureau externe du *Bundesarchiv*.]

331 Note rédigée, le 13 novembre 2000, par la *Zentrale Stelle*, 1 p. [ZSL, Dossiers généraux, Classeur 41-88, Dr. Rolf Königstein, pédagogue - Bureau externe du *Bundesarchiv*.]

Stelle, tout en présentant le bilan actuel de la poursuite judiciaire des crimes nationaux-socialistes en Allemagne. Il n'était donc aucunement question d'une interférence quelconque dans le travail de l'enseignant[332].

Malgré cette explication, Rolf Königstein avait prié Joachim Riedel de ne plus prendre part aux activités pédagogiques. Ce faisant, J. Riedel lui avait montré la notice du 11 octobre 2001 qui avait été élaborée par l'Inspection supérieure des écoles de Stuttgart[333]. Cette notice décrivait un projet, à destination des lycées, qui abordait le thème de l'euthanasie à partir des documents de Ludwigsburg. Le projet en question pouvait être appliqué dans le cadre des cours d'histoire, d'éthique, d'instruction civique ou encore de religion. La notice contenait, cependant, une erreur qui avait considérablement irrité la direction de la *Zentrale Stelle*. Elle indiquait, en effet, que l'institution judicaire avait été " transformée en un département du *Bundesarchiv*[334] " : une phrase qui avait été soulignée au stylo noir directement sur le document, puis suivie d'un point d'interrogation, ce qui témoignait de la désapprobation profonde de son lecteur de la *Zentrale Stelle*.

Le sujet ne resta pas là. Rolf Königstein avait reçu, quelques jours plus tard, un écrit de la direction de l'institution judiciaire lui précisant

---

332 Note rédigée, le 17 janvier 2002, par Joachim Riedel, 4 p. [ZSL, Dossiers généraux, Classeur 41-88, Dr. Rolf Königstein, pédagogue - Bureau externe du *Bundesarchiv*.]

333 *Idem.*

334 Écrit adressé, le 11 octobre 2001, par l'Inspection supérieure des écoles de Stuttgart aux directrices et directeurs des établissements d'enseignement général secondaire (écoles privées incluses), 3 p. [ZSL, Dossiers généraux, Classeur 41-88, Dr. Rolf Königstein, pédagogue - Bureau externe du *Bundesarchiv*.]

«... que pas la moindre chose [n'avait] changé, par l'accord d'avril 2000, au niveau des tâches [assurées par] la *Zentrale Stelle* en tant qu'institution judiciaire et surtout [au niveau] de son statut d'établissement indépendant qui est soumis à la seule inspection du Ministère de la Justice du Bade-Wurtemberg[335]. »

À cette occasion, la *Zentrale Stelle* avait reproché à l'enseignant de continuer à distribuer la notice malgré l'erreur qu'elle contenait. L'institution judiciaire estimait, contrairement à R. Königstein, qu'il ne s'agissait pas d'une erreur minimale qui n'aurait pas de signification particulière[336]. Kurt Schrimm avait adressé, le même jour, un écrit à l'Inspection supérieure des écoles de Stuttgart pour exiger la rectification de cette erreur figurant dans la notice. La direction de la *Zentrale Stelle* défendait également l'idée que son équipe était certainement la mieux placée pour présenter le travail accompli par son institution depuis 1958[337]. Cette affirmation n'excluait toutefois aucunement la possibilité d'une coopération entre la *Zentrale Stelle* et le *Bundesarchiv*, à la condition, cependant, que les deux établissements sachent faire preuve de respect mutuel[338] :

« Ce que nous attendons n'est ni plus, ni moins que le respect réciproque des tâches et compétences différentes. Je voudrais souligner encore une fois que cette conception de la

[335] Lettre adressée, le 22 janvier 2002, par la *Zentrale Stelle* de Ludwigsburg à Rolf Königstein, 3 p. [ZSL, Dossiers généraux, Classeur 41-88, Dr. Rolf Königstein, pédagogue - Bureau externe du *Bundesarchiv*.]

[336] *Idem*.

[337] Lettre adressée, le 22 janvier 2002, par Kurt Schrimm à l'Inspection supérieure des écoles de Stuttgart, 2 p. [ZSL, Dossiers généraux, Classeur 41-88, Dr. Rolf Königstein, pédagogue - Bureau externe du *Bundesarchiv*.]

[338] Lettre adressée, le 22 janvier 2002, par la *Zentrale Stelle* de Ludwigsburg à Rolf Königstein, 3 p.

coopération avec le *Bundesarchiv* a fait ses meilleures preuves depuis sa fondation[339]. »

Dans sa réponse du 1er février à Kurt Schrimm, Rolf Königstein assurait que l'erreur en question serait corrigée dans la seconde notice circulaire. En réaffirmant que l'accueil des élèves à Ludwigsburg entrait dans sa propre compétence, l'enseignant n'avait pas caché son étonnement face à la sévérité du style de la lettre rédigée par Kurt Schrimm[340].

L'erreur de la notice fut, effectivement, rectifiée dans un nouvel écrit de l'Inspection supérieure des écoles de Stuttgart en date du 13 février 2002. Le passage problématique y avait été modifié de la façon suivante :

« En avril 2000, l'ensemble des fonds d'archives de l'Office central des administrations de la justice du *Land* pour l'élucidation des crimes nationaux-socialistes a été pris en charge par le *Bundesarchiv*, qui a créé un Bureau externe à Ludwigsburg. La *Zentrale Stelle* avait conduit, pendant des décennies, un rôle éminent dans la confrontation de la République fédérale d'Allemagne au non-État de droit national-socialiste[341]. »

Cette erreur, une fois rectifiée, la tension entre la *Zentrale Stelle* et le *Bundesarchiv*, née à cause du travail pédagogique confié depuis peu à Ludwigsburg, a,

---

339 Lettre adressée, le 11 février 2002, par Kurt Schrimm à Rolf Königstein, 3 p. [ZSL, Dossiers généraux, Classeur 41-88, Dr. Rolf Königstein, pédagogue - Bureau externe du *Bundesarchiv*.]

340 Lettre adressée, le 1er février 2002, par Rolf Königstein à Kurt Schrimm, 2 p. [ZSL, Dossiers généraux, Classeur 41-88, Dr. Rolf Königstein, pédagogue - Bureau externe du *Bundesarchiv*.]

341 Écrit adressé, le 13 février 2002, par l'Inspection supérieure des écoles de Stuttgart aux directrices et directeurs des établissements d'enseignement général secondaire (écoles privées incluses), 3 p. [ZSL, Dossiers généraux, Classeur 41-88, Dr. Rolf Königstein, pédagogue - Bureau externe du *Bundesarchiv*.]

néanmoins, perduré encore pendant un certain temps. Joachim Riedel avait rédigé, à peine un mois plus tard, une nouvelle lettre adressée à Rolf Königstein. Le directeur adjoint se plaignait, cette fois, de la disparition d'un ensemble de dossiers concernant les crimes d'euthanasie. Malgré tous ses efforts, celui-ci n'avait pu en retrouver le 14ème volume ni dans le bureau de la *Zentrale Stelle*, ni dans la salle réunissant les documents entrant dans la catégorie AR-Z. Ayant ensuite appris que R. Königstein travaillait à l'époque sur l'euthanasie, J. Riedel s'était rendu dans le bureau de l'enseignant où il avait effectivement retrouvé le 14ème volume qui avait disparu. Le directeur adjoint, ayant estimé qu'il s'était alors agi d'un cas exceptionnel, avait seulement demandé au responsable administratif de la *Zentrale Stelle* de remplir la fiche de prêt habituelle pour ce dossier[342].

J. Riedel poursuivait, cependant, sa lettre par l'évocation d'un deuxième incident qui lui avait fait comprendre qu'il n'était pas question d'un cas isolé. Ayant reçu une demande urgente de la Commission centrale polonaise, J. Riedel s'était mis à la recherche d'un dossier sur l'Institut anatomique de l'Académie médicale à Danzig. Ce dossier aussi était retrouvé dans le bureau de Rolf Königstein, tout comme d'autres dossiers qui n'avaient pas été empruntés au bureau de la *Zentrale Stelle* conformément aux règles pratiquées[343].

J. Riedel avait remarqué, de surcroît, que l'accès à un des dossiers avait été suspendu par une note d'Adalbert Rückerl ; il ne pouvait, de fait, être accordé aux historiens

---

[342] Lettre adressée, le 12 mars 2002, par Joachim Riedel à Rolf Königstein, 4 p. [ZSL, Dossiers généraux, Classeur 41-88, Dr. Rolf Königstein, pédagogue - Bureau externe du *Bundesarchiv*.]

[343] *Idem.*

que sur autorisation explicite du directeur ou du directeur adjoint de la *Zentrale Stelle*. Ayant alors examiné le volume en question, J. Riedel avait même estimé que la suspension devait être prolongée. Celui-ci avait ensuite pris les trois autres volumes du dossier afin de les étudier et rédiger une réponse détaillée à la correspondance de la Commission centrale polonaise. La recherche de ces dossiers avait fait perdre beaucoup de temps à J. Riedel, qui, entre-temps, avait uniquement pu retourner un bref message à ses collègues polonais. C'est pourquoi le directeur adjoint de la *Zentrale Stelle* avait demandé, encore une fois, à Rolf Königstein de suivre la procédure habituelle lorsqu'il souhaitait consulter un dossier d'enquête préliminaire[344].

Sur ce deuxième incident, Heinz-Ludger Borgert a ressenti la nécessité d'intervenir à nouveau, mais à travers une longue correspondance - la voie qu'il ne privilégiait toutefois pas dans le règlement des différends professionnels - afin de protéger son employé. Dans celle-ci, il avait, tout d'abord, tenu à souligner qu'il avait averti R. Königstein sur la procédure à respecter dans l'emprunt des dossiers de la *Zentrale Stelle*. En revanche, le directeur du *Bundesarchiv* a affirmé que l'enseignant n'avait pas pris les dossiers dont J. Riedel avait urgemment besoin pour répondre à la demande de la Commission centrale polonaise. La salle 10 où ces dossiers avaient été retrouvés par le directeur adjoint n'avait pas été remise au *Bundesarchiv* " en bon état de propreté " : les documents d'anciens magistrats se trouvaient toujours dans cette

---

344 *Idem.*

salle qui était – selon Heinz-Ludger Borgert, J. Riedel le savait également – utilisée par des tierces personnes[345].

Concernant, en particulier, certains passages figurant dans la lettre du 12 mars de J. Riedel, Heinz-Ludger Borgert avait aussi ressenti le besoin de clarifier quelques points. Le premier d'entre eux exprimait son accord plein et entier sur la nécessité de l'instauration d'un respect mutuel entre le *Bundesarchiv* et la *Zentrale Stelle* qui étaient, en effet, deux institutions partenaires différentes et indépendantes. Heinz-Ludger Borgert précisait ensuite que c'était désormais le directeur du *Bundesarchiv*, et non plus celui de la *Zentrale Stelle*, qui, sur la base de la législation relative aux missions et au fonctionnement du *Bundesarchiv*, pouvait adopter un certain nombre de mesures sur l'accès des visiteurs aux dossiers de Ludwigsburg. En tout cas, il ne voyait aucune raison susceptible de justifier une politique de " discrimination " à l'égard des historiens pour leur interdire, en partie, l'étude de cette documentation[346]. Heinz-Ludger Borgert a conclu sa longue lettre de la façon suivante :

« Monsieur Schrimm, je suis plein de compréhension envers le fait que la pratique exercée à travers une longue vie professionnelle nécessite pour la *Zentrale Stelle*, en ce qui concerne les nouvelles dispositions réglementaires convenues par l'accord entre le *Bund* et les *Länder*, un plus long processus de révision d'opinions et d'adaptation. Ayez, cependant, s'il vous plaît, inversement, de compréhension si, cette fois, j'ai esquissé si clairement la position du *Bundesarchiv*. À l'avenir, je

---

[345] Lettre adressée, le 15 mars 2002, par Heinz-Ludger Borgert à Kurt Schrimm, 2 p. En lisant la lettre de Heinz-Ludger Borgert, nous comprenons que celui-ci n'avait pas vraiment cru au caractère urgent de la demande adressée à la *Zentrale Stelle* par la Commission centrale polonaise.

[346] *Idem*.

ne veux pas, non plus, abandonner la procédure pratique qui a fait ses preuves dans le passé ! Je suis confiant dans le fait que si nous la maintenons auprès de nos employés, de telles correspondances seront inutiles[347]. »

Kurt Schrimm ne tarda pas à faire parvenir sa réponse à Heinz-Ludger Borgert. Dans celle-ci, le directeur de la *Zentrale Stelle* reconnaissait parfaitement que les décisions liées à l'accès des visiteurs aux dossiers d'enquêtes préliminaires, une fois transmis au *Bundesarchiv*, étaient prises par le directeur du Bureau externe de Ludwigsburg. Il exprimait cependant le souhait, à l'avenir, d'être consulté sur ce sujet, lorsqu'il faudrait adopter ce type de décision à l'occasion d'une demande portant sur un dossier quelconque. Kurt Schrimm affirmait également qu'il était en son pouvoir, à la demande d'un parquet, de restreindre l'accès des tierces personnes à un dossier qui avait été déjà transmis au *Bundesarchiv*, dans l'intérêt d'une enquête judiciaire en cours. En l'absence de coopération par le *Bundesarchiv*, ajoutait-il, il se verrait même contraint de recommander au parquet de confisquer, conformément aux paragraphes 94 et 95 du code de procédure pénale, les dossiers en question[348].

À la fin de sa réponse, K. Schrimm refusa catégoriquement dans sa démarche une intention qui viserait à discriminer les historiens. Une nouvelle fois, il se référait au contact permanent de longues années ayant existé entre la *Zentrale Stelle* et cette catégorie précise de chercheurs. En même temps, K. Schrimm insistait sur le fait que les données rassemblées à Ludwigsburg devaient,

---

[347] *Idem.*

[348] Lettre adressée, le 23 avril 2002, par Kurt Schrimm à Heinz-Ludger Borgert, 4 p.

avant tout, servir le travail judiciaire ; ce n'est qu'ensuite qu'elles pourraient être utilisées à d'autres fins : l'accord entre le *Bund* et les *Länder* n'y avait rien changé[349].

Ces deux exemples que nous venons de présenter révèlent deux points d'importance capitale concernant l'attitude de la direction de la *Zentrale Stelle* à l'égard de la première équipe du Bureau externe du *Bundesarchiv* à Ludwigsburg. Les magistrats de Ludwigsburg qui étaient tout à fait favorables à la mise en place d'une initiative archiviste dans le bâtiment blanc du 58-rue Schorndorfer, souhaitaient, toutefois, participer à ce nouveau processus : une période de transition précédant la fin définitive de son activité judiciaire. Les dossiers généraux contiennent plusieurs indices concrets sur ce sujet. À titre d'exemple, Kurt Schrimm avait souhaité recevoir, en juillet 2001, une copie des demandes et correspondances désormais adressées au *Bundesarchiv* Ludwigsburg, même lorsque le contenu de celles-ci ne concernait pas directement les questions judiciaires. Le directeur de la *Zentrale Stelle* avait motivé sa demande en expliquant que plusieurs de ces correspondances contenaient les noms de témoins potentiels ou d'autres renseignements utiles à leur travail judiciaire[350]. Cela étant, vu la dimension symbolique historienne que comportait, de manière croissante, le travail judiciaire entrepris par la *Zentrale Stelle*, nous pouvons considérer que cette demande, émanant de Kurt Schrimm, manifestait plutôt une intention de participer à la gestion de l'héritage documentaire de sa propre institution.

---

[349] *Idem.*

[350] Lettre adressée, le 4 juillet 2001, par Kurt Schrimm à Heinz-Ludger Borgert. [ZSL, Dossiers généraux, Classeur 41-1, Instauration, compétence et dissolution de la *Zentrale Stelle*, Volume III.]

En deuxième lieu, les magistrats accordaient une grande importance à rappeler que la *Zentrale Stelle* poursuivait, en tant qu'institution indépendante soumise sous la seule inspection du Ministère de la Justice du Bade-Wurtemberg, sa mission de nature strictement judiciaire qui primait, d'ailleurs, sur les nouvelles initiatives de Ludwigsburg. Comme le montrera aussi le chapitre suivant dans lequel nous abordons la question des premières tentatives d'écriture d'une histoire de la *Zentrale Stelle,* les erreurs commises – même involontairement – concernant la définition des tâches et compétences exercées par les différents établissements réunis au 58-rue Schorndorfer, feraient l'objet d'une rectification rigoureuse par les magistrats allemands.

Chapitre 9

Premiers bilans, premiers travaux : faire l'histoire de la *Zentrale Stelle*

Le travail de la *Zentrale Stelle* a été évalué à quatre reprises, lors des 25ème, 30ème, 40ème et 50ème anniversaires de l'institution. Les juristes et historiens se sont alors réunis à Ludwigsburg pour assister ensemble à diverses activités culturelles et scientifiques. Ces rencontres ont également favorisé un échange d'idées autour de l'avenir de la *Zentrale Stelle*. Elles ont été réalisées dans les lieux emblématiques de la ville avec la participation de personnalités éminentes du *Land* et du *Bund* : une preuve de ce que cette institution judiciaire était, désormais, reconnue dans l'espace public du Bade-Wurtemberg, en particulier, et de l'Allemagne fédérale au plan national.

En effet, le programme du 50ème anniversaire de la *Zentrale Stelle* a commencé, le 1er décembre 2008, dans la salle des festivités du Château de Ludwigsburg. Les allocutions d'accueil prononcées par Ulrich Goll, occupant alors la fonction de Ministre de la Justice du Bade-Wurtemberg, Horst Köhler, le Président de la République de l'époque, Charlotte Knoblauch, la présidente du Conseil central des Juifs en Allemagne, et Hartmut Weber, précédèrent la conférence cérémoniale[351] de Michael Stolleis, un juriste et historien du droit. L'ensemble du festival du Château de Ludwigsburg y donna au moment de l'ouverture et en clôture du

---

[351] Le titre français de la communication était « Justice à travers le droit pénal ? La République fédérale et sa *Zentrale Stelle* ». Le professeur Stolleis dirigeait à l'époque l'Institut Max-Planck pour l'histoire du droit européen.

programme un bref concert qui constitua, en quelque sorte, la contribution culturelle de la ville. Le programme s'acheva, au final, par une réception donnée par le gouvernement régional du Bade-Wurtemberg[352].

La première partie du programme du 30ème anniversaire de la *Zentrale Stelle* se déroula, le 8 septembre 1988, de manière semblable, à Ludwigsburg, avec des discours d'accueil prononcés par des personnalités politiques allemandes en alternance avec l'écoute de morceaux de musique classique choisis. Le programme avait également inclus la lecture d'un message de bienvenue du professeur Robert M. W. Kempner qui avait été le représentant du procureur principal des procès de Nuremberg[353] : un choix indiquant, en quelque sorte, que la *Zentrale Stelle* situait son travail dans la continuité de ces procès emblématiques symbolisant la poursuite judiciaire des crimes nationaux-socialistes.

La deuxième partie des programmes d'anniversaire prévoyait l'organisation d'un symposium international réunissant des juristes et historiens renommés. Une perspective comparative y avait été souvent privilégiée. Des représentants d'institutions judiciaires européennes ou nord-américaines étaient effectivement venus présenter le travail de poursuite judiciaire des crimes nationaux-socialistes entrepris par leurs établissements respectifs. La contribution de la documentation judiciaire

---

[352] Cérémonie organisée à l'occasion des 50 ans d'existence de l'Office central des administrations de la Justice du *Land* pour l'élucidation des crimes nationaux-socialistes, 1 p. [ZSL, Dossiers généraux, Classeur 41-90, Anniversaire des 50 ans de service.]

[353] Programme du 30ème anniversaire de la *Zentrale Stelle* de Ludwigsburg. [ZSL, Dossiers généraux, Classeur 41-90, Les 30 ans d'existence de la *Zentrale Stelle* de Ludwigsburg, Volume 1.]

de Ludwigsburg à la recherche historique avait été le deuxième point abordé tout au long de cette journée.

À titre d'exemple, nous pouvons nous référer au programme du symposium qui a été organisé, le 2 décembre 1998, pour le 40ème anniversaire de la *Zentrale Stelle,* toujours dans la salle des festivités du Château de Ludwigsburg. Ce programme comportait deux axes différents en particulier. Le premier d'entre eux s'était interrogé sur la signification que la mission de la *Zentrale Stelle* revêtait pour la justice et la science historique. Friedrich Kahlenberg du *Bundesarchiv* et le professeur Peter Steinbach étaient intervenus dans la matinée du 2 décembre sur cette problématique. À la suite d'une réception qui avait lieu à midi, le reste de la journée avait été consacré à des exposés portant sur la coopération de la *Zentrale Stelle* avec les institutions judiciaires étrangères, les instituts de recherches et les mémoriaux[354].

Shmuel Krakowski avait pris, le premier, la parole en sa qualité d'historien de Yad Vashem, un mémorial qui dispose en son sein de l'un des centres d'archives et de recherche parmi les plus renommés sur la Shoah. S. Krakowski avait souligné dans sa communication en anglais, à juste titre, qu'il n'était guère possible d'envisager une étude sérieuse sur le génocide des Juifs sans connaître les documents réunis à Ludwigsburg. Selon l'historien israélien, bien qu'il existât déjà une importante historiographie de la Shoah, de nombreux points exigeaient encore d'être éclairés dans ce domaine.

---

[354] Programme du symposium réalisé, le 2 décembre 1998, dans le cadre du 40ème anniversaire de la *Zentrale Stelle* dans la salle des festivités du Château de Ludwigsburg. [ZSL, Dossiers généraux, Classeur 41-90, 40 ans d'existence de la *Zentrale Stelle* de Ludwigsburg, Volume I.]

Les documents judiciaires de la *Zentrale Stelle* y contribuaient, considérablement, puisqu'ils contenaient des données précieuses sur les événements survenus à l'époque. Afin d'illustrer ses propos, Shmuel Krakowski citait l'exemple de deux études qu'il avait pu entreprendre grâce à la documentation de Ludwigsburg[355] :

« J'ai récemment fini une monographie[356] plus détaillée sur le camp de la mort de Chełmno (Kulmhof). La plupart des sources que j'avais à ma disposition venait de la *Zentrale Stelle.* [Sans ces documents, il] m'aurait été impossible d'aborder l'organisation interne, la fonction, le comportement et le mode de vie du personnel du camp[357]. »

Malgré le caractère exceptionnel de la documentation de Ludwigsburg, il n'est pas vraiment possible de puiser dans ces sources, comme l'a au contraire suggéré Shmuel Krakowski, des informations sur la mentalité des SS. Ces derniers recouraient souvent à des stratégies de disculpation durant leurs interrogatoires. Ce qui empêche les historiens de distinguer, chez eux, leurs motivations réelles sous le IIIe Reich de ce qu'ils pouvaient ensuite raconter devant un juge d'instruction ou un employé de la police criminelle.

---

[355] Écrit adressé, le 26 novembre 1998, par le Dr. Yaacov Lozowick au Ministère de la Justice du Bade-Wurtemberg. [ZSL, Dossiers généraux, Classeur 41-90, 40 ans d'existence de la *Zentrale Stelle* de Ludwigsburg, Volume 2.] Cet écrit inclut en annexe la communication de neuf pages de Shmuel Krakowski.

[356] Krakowski Shmuel, *Das Todeslager Chełmno / Kulmhof. Der Beginn der " Endlösung "* (Le camp de la mort de Chełmno / Kulmhof. Le début de la " Solution finale "), Göttingen, Wallstein, 2007, 236 p.

[357] Écrit adressé, le 26 novembre 1998, par le Dr. Yaacov Lozowick au Ministère de la Justice du Bade-Wurtemberg.

D'autres intervenants de l'après-midi du 2 décembre, tels que Stanislaw Kaniewski[358] et Elisabeth B. White[359], avaient présenté le travail entrepris par leurs établissements judiciaires respectifs ayant également enquêté, en tout ou en partie, sur les crimes nationaux-socialistes. Ces exposés n'avaient pas manqué, tout naturellement, de souligner à la fois les ressemblances et les divergences existant entre leurs propres institutions et la *Zentrale Stelle*. C.F. Rüter, le directeur de l'Institut pour le droit pénal de l'Université d'Amsterdam, fut le quatrième intervenant du programme du 40ème anniversaire qui s'était conclu, comme toujours, par un discours du directeur de la *Zentrale Stelle* de l'époque[360].

En examinant l'ensemble de ces programmes organisés en vue de célébrer un " anniversaire rond " de la *Zentrale Stelle,* comme on le dirait en allemand, nous constatons que les magistrats n'ont pas privilégié les projets qui visaient à faire l'histoire de leur institution judiciaire. Les historiens ou juristes invités aux symposia avaient présenté des communications qui s'étaient largement limitées à l'évocation des deux thèmes que nous venons de mentionner ci-dessus. Même lorsque les préparatifs du 50ème anniversaire de la *Zentrale Stelle* avaient été entamés par les différentes initiatives de Ludwigsburg, le Conseil scientifique avait envisagé, en premier lieu, la mise à jour de l'ouvrage de référence

---

358 Stanislaw Kaniewski a été le directeur adjoint de la Commission centrale polonaise.

359 Elisabeth B. White travaillait à l'Office d'investigations spéciales du Département américain de Justice à Washington DC.

360 Cf. le programme du symposium réalisé, le 2 décembre 1998, dans le cadre du 40ème anniversaire de la *Zentrale Stelle* dans la salle des festivités du Château de Ludwigsburg.

d'Adalbert Rückerl, du point de vue historique et sous l'angle de l'évolution du droit international public[361].

Les dossiers généraux contiennent mêmes les traces d'une sorte de prudence – pour ne pas dire méfiance - ressentie par les anciens employés de la *Zentrale Stelle* à l'égard des premières tentatives entreprises par des chercheurs ou cinéastes qui avaient souhaité raconter – chacun à leur façon - l'histoire de cette institution.

Wolfram Wiesemann, qui avait fait partie de l'équipe de Ludwigsburg de 1966 à 1974 en qualité de procureur, avait notamment ressenti le besoin de consulter la *Zentrale Stelle,* lorsqu'il avait été sollicité pour un entretien par Jochen Faber. Ce dernier souhaitait réaliser un film sur l'institution judiciaire et lui avait écrit une lettre à ce sujet[362]. La direction de la *Zentrale Stelle,* qui supportait avec bienveillance l'idée de réaliser des interviews avec les anciens membres de l'institution pour le 50ème anniversaire, avait répondu qu'elle avait pris connaissance du projet en question ; Jochen Faber les

---

361 Cette proposition émanait du professeur Norbert Frei et concernait l'ouvrage d'Adalbert Rückerl intitulé *Die Strafverfolgung von NS-Verbrechen 1945-1978. Eine Dokumentation* (La poursuite judiciaire des crimes nationaux-socialistes 1945-1978. Une documentation), Heidelberg, Müller, 1979, 148 p. Cf. le compte-rendu de la réunion du Conseil scientifique du Bundesarchiv-Bureau externe de Ludwigsburg du 9 mars 2006.

362 Cf. la lettre envoyée, le 15 janvier 2007, par Wolfram Wiesemann à la *Zentrale Stelle* de Ludwigsburg. [ZSL, Dossiers généraux, Classeur 41-90, L'Anniversaire des 50 ans d'activité.] W. Wiesemann avait inclus la lettre de Jochen Faber dans l'écrit qu'il avait adressé à la *Zentrale Stelle.*

avait aussi contactés et – pour l'instant – elle n'avait pas de réserves à formuler à l'encontre de celui-ci[363].

Le projet de Marc von Miquel révèle aussi quelques indices significatifs de la prudence manifestée par les anciens membres de la *Zentrale Stelle*. Ce projet, conduit à l'automne 2002 sous la direction du professeur Norbert Frei de l'Université de Ruhr à Bochum, consistait à interviewer vingt anciens membres de la *Zentrale Stelle* de Ludwigsburg, dont quinze juristes (juges ou procureurs), trois agents de la police criminelle, un fonctionnaire de la justice et une interprète[364]. Ce nombre s'avère plutôt faible par rapport à celui des anciens employés de la *Zentrale Stelle* qui auraient pu être sollicités pour un tel travail. À l'origine, le professeur Norbert Frei avait aussi suggéré un format de projet consistant plutôt à interviewer systématiquement tous les membres de l'équipe de Ludwigsburg qui étaient toujours en vie au début des années 2000[365].

Non seulement, Marc von Miquel avait dû, en réalité, se limiter à effectuer un nombre restreint d'entretiens, mais il avait également rencontré quelques restrictions dans l'utilisation des données collectées pendant ce travail. En effet, si dix-huit interviewés sur les vingt avaient autorisé l'historien à mettre leur entretien à la disposition de la recherche historique, Kurt Hinrichsen, qui avait fait partie de l'équipe de Ludwigsburg dès 1959,

---

[363] Cf. la lettre adressée, le 1er février 2007, par la *Zentrale Stelle* de Ludwigsburg à Wolfram Wiesemann. [ZSL, Dossiers généraux, Classeur 41-90, L'Anniversaire des 50 ans d'activité.]

[364] Cf. les interviews des anciens employés de la *Zentrale Stelle* de Ludwigsburg : rapport final et documentation, dossier déjà cité, folio 2.

[365] Cf. le protocole des résultats de la réunion du 6 décembre 2001 qui s'est tenue dans les locaux du *Bundesarchiv*.

n'avait accepté de rendre publics ni la transcription, ni l'enregistrement audio de son interview [366] . Ce qui constitue, sans aucun doute, une grande perte pour les chercheurs s'intéressant à l'histoire de la *Zentrale Stelle*. Il est, par ailleurs, difficile de comprendre cette prudence manifestée par les anciens membres de l'équipe de Ludwigsburg, puisque cette équipe avait accompli un important travail de justice qui, aujourd'hui, est également reconnu par l'opinion publique allemande.

Certains interviewés avaient encore souhaité apporter des rectifications à la transcription de leur entretien qui leur avait été soumise par Marc von Miquel pour obtenir leur accord. Dix interviewiés, qui avaient consenti à rendre public leur entretien, avaient effectué seulement quelques petites corrections servant à mieux faire comprendre leur texte. En revanche, huit autres interviewés avaient choisi de retirer ou de modifier des passages entiers de la transcription de leur entretien, la version initiale leur ayant paru – après lecture – insatisfaisante. Marc von Miquel avait précisé, dans l'introduction qu'il avait rédigée pour ce dossier, que la plupart des interviewés occupait encore des postes politiques et que, de ce fait, ils souhaitaient rendre publique une version révisée de leur texte[367]. Quoi qu'il en soit, même réalisé avec un faible nombre d'interviewés, un tel travail présente, indubitablement, un grand intérêt pour les historiens. Et on peut, évidemment, se demander

---

[366] Cf. les interviews des anciens employés de la *Zentrale Stelle* de Ludwigsburg : rapport final et documentation, dossier déjà cité, folio 2. S'agissant de l'enregistrement audio des entretiens réalisés par Marc von Miquel, seuls dix des vingt interviewés ont accepté de les rendre publics pour la recherche historique.

[367] *Ibid.*, folio 4.

pourquoi ce travail n'a pas fait jusqu'à maintenant l'objet d'une publication, afin d'être diffusé à un plus large public.

La rédaction d'un livre sur l'histoire de la *Zentrale Stelle* a été concrètement envisagée à l'approche du 50ème anniversaire de l'institution judiciaire. Nous en trouvons les premières traces dès la fin de 2004 dans des échanges de correspondances et, à partir de 2005, dans les comptes-rendus du Conseil scientifique qui offraient un résumé des débats sur ce sujet précis.

Le 5 mars 2005, Wolfram Pyta avait présenté à Hartmut Weber le projet de la *Forschungsstelle* : " une histoire scientifique de vulgarisation de la *Zentrale Stelle* à Ludwigsburg " qui devait paraître en 2008 pour le 50ème anniversaire de l'institution. Cette étude, dont le déroulement devait s'étendre sur une période de deux années, pouvait être réalisée, selon W. Pyta, par Annette Weinke : une historienne qui avait soutenu une thèse de doctorat [368] sur la poursuite judiciaire des exécuteurs nationaux-socialistes dans l'Allemagne divisée[369].

Dans sa lettre, le professeur Pyta cherchait, en même temps, à s'informer sur les possibilités pour le *Bundesarchiv* d'accorder un soutien financier au projet d'A. Weinke. Ce faisant, il informait Hartmut Weber que,

---

368 Weinke Annette, *Die Verfolgung von NS-Tätern im geteilten Deutschland : Vergangenheitsbewältigungen 1949-1969 oder eine deutsch-deutsche Beziehungsgeschichte im Kalten Krieg* (La poursuite des exécuteurs nationaux-socialistes dans l'Allemagne divisée : politiques de confrontation au passé 1949-1969 ou une histoire de relations germano-allemandes pendant la Guerre froide), Paderborn-Munich-Vienne, Schöningh, 2002, 514 p.

369 Lettre adressée, le 5 mars 2005, par Wolfram Pyta à Hartmut Weber. [ZSL, Dossiers généraux, Classeur 41-89, Projets de livre – 50 ans de *Zentrale Stelle*.]

sur ce point précis, il était déjà entré en contact avec le Ministère de la Justice du Bade-Wurtemberg. Ce dernier était tout à fait favorable à une entreprise de cet ordre dès lors que d'autres sources de financement externes pourraient également être mobilisées au bénéfice du projet en question. À l'occasion, le professeur Pyta a aussi indiqué qu'il avait réussi, grâce au soutien commun de l'Université de Stuttgart et du Ministère de la recherche du Bade-Wurtemberg, à garantir la continuité du financement de la *Forschungsstelle*[370] : ce qui, encore une fois, mettait en lumière les entraves posées aux projets concernant la gestion de l'héritage de la *Zentrale Stelle* par le problème récurrent de la limitation des ressources financières.

Le projet de livre d'Annette Weinke a été aussi abordé, le 10 mars 2005, pendant la réunion du Conseil scientifique. Wolfram Pyta avait alors expliqué que la *Forschungsstelle* qui ne disposait que d'un seul chercheur, ne pouvait accomplir, seule, la rédaction d'un tel ouvrage, d'où sa décision de faire appel à une historienne à l'extérieur. Le projet ayant été accueilli favorablement par les membres du Conseil, Hartmut Weber avait proposé d'inclure la future étude dans la série de publications du *Bundesarchiv*[371].

La lettre de W. Pyta, adressée cinq jours plus tôt à H. Weber, incluait aussi le projet de recherche de trois pages rédigé par A. Weinke. Cette première ébauche décrivait un projet d'étude englobant divers thèmes, dont plusieurs n'ont finalement pas été abordés dans le livre paru en

[370]*Idem.*

[371] Cf. le compte-rendu de la réunion du Conseil scientifique qui s'était tenue, le 10 mars 2005, au *Bundesarchiv* - Bureau externe de Ludwigsburg.

2008[372]. Les documents des *Generalakten* de la *Zentrale Stelle* que l'historienne avait souhaité consulter pour son travail montrent aussi que celle-ci avait, initialement, envisagé de réaliser une étude différente de ce que serait son manuscrit final publié : un texte qui est centré essentiellement sur la problématique de la confrontation de l'Allemagne à son passé national-socialiste[373].

Au début de son travail, A. Weinke citait, notamment, parmi les pistes de recherche à explorer, la question de l'entraide judiciaire et de la coopération de la *Zentrale Stelle* avec différents établissements – institutions judiciaires, instituts de recherche, historiens - à la fois allemands et étrangers. Les avis et rapports d'expertise préparés par l'équipe de Ludwigsburg constituaient, pour A. Weinke, un autre point méritant un développement dans le cadre d'une réflexion portant sur la confrontation (ouest)-allemande au passé national-socialiste. L'historienne avait également inclus dans son projet l'analyse d'un exemple judiciaire concret, celui du procès d'Auschwitz de Francfort auquel les enquêtes préliminaires de Ludwigsburg avaient largement contribué[374].

---

[372] Weinke Annette, *Eine Gesellschaft ermittelt gegen sich selbst : Die Geschichte der Zentralen Stelle Ludwigsburg 1958-2008* (Une société enquête contre soi-même : l'histoire de la *Zentrale Stelle* de Ludwigsburg 1958-2008), Darmstadt, Wissenschaftliche Buchgesellschaft, 1ère édition, 2008, 224 p.

[373] Lettre adressée, le 16 août 2006, par Annette Weinke à Joachim Riedel. [ZSL, Dossiers généraux, Classeur 41-89, Projets de livre – 50 ans de *Zentrale Stelle*.] Cette lettre est accompagnée d'une annexe présentant les dossiers généraux de la *Zentrale Stelle* que l'historienne a souhaité étudier.

[374] « Die Zentrale Stelle der Landesjustizverwaltungen zur Aufklärung nationalsozialistischer Verbrechen in Ludwigsburg, 1958-2004

Si A. Weinke avait, également, prévu de conduire des entretiens avec les anciens employés de la *Zentrale Stelle* et avec ceux d'autres établissements ayant coopéré avec les magistrats de Ludwigsburg, elle a finalement choisi d'utiliser la documentation de Marc von Miquel pour sa recherche qu'elle avait définie, elle aussi, comme une présentation historique de vulgarisation de 200 à 250 pages[375].

Environ sept mois après la réunion du Conseil scientifique de mars 2005, Kurt Schrimm a proposé, à son tour, à Hartmut Weber de publier dans le cadre des activités du *Bundesarchiv* un autre projet de livre. Il se serait agi, cette fois, d'un regard rétrospectif qui serait jeté par les membres de la *Zentrale Stelle* eux-mêmes ou, en d'autres termes, d'un " point de vue interne " sur le travail accompli par leur institution. Cette étude pourrait encore, selon Kurt Schrimm, dresser un bilan de la poursuite judiciaire des crimes nationaux-socialistes en Allemagne, en mettant en avant la contribution de la *Zentrale Stelle,* d'autant que le livre d'Adalbert Rückerl qui portait sur le même sujet datait déjà d'une vingtaine d'années. Co-dirigé par Kurt Schrimm et Joachim Riedel, le projet en question ferait appel à la coopération d'autres juristes, dont au premier chef de Willi Dreßen, et des représentants d'autres institutions judiciaires étrangères

(L'Office central des administrations de la Justice du *Land* pour l'élucidation des crimes nationaux-socialistes à Ludwigsburg, 1958-2004) », projet de recherche d'Annette Weinke, 3 p. [ZSL, Dossiers généraux, Classeur 41-89, Projets de livre – 50 ans de *Zentrale Stelle*.]

[375]*Idem.*

telles que la Commission centrale polonaise coopérant depuis longtemps avec l'équipe de Ludwigsburg[376].

Il n'était donc pas question, ici, de faire l'histoire de la *Zentrale Stelle* en tant qu'institution judiciaire qui se trouve en contact permanent avec les différentes initiatives ayant commencé à gérer son héritage documentaire. Par ailleurs, la mise en perspective de la spécificité du travail de la *Zentrale Stelle* par rapport à d'autres établissements judiciaires européens ou nord-américains poursuivant des missions similaires avait déjà fait l'objet de symposia organisés dans le cadre des anniversaires décennaux de l'institution. Enfin, le témoignage d'acteurs de la *Zentrale Stelle* présenterait, certainement, un plus grand intérêt pour la recherche historique qu'un travail rédigé à partir du " point de vue interne " si fortement privilégié par Kurt Schrimm et Joachim Riedel. Et, encore une fois, il convient, ici, de rappeler, en gardant à l'esprit le projet réalisé par Marc von Miquel, qu'il est plutôt difficile de recueillir le témoignage des anciens employés. Ces derniers pratiquaient, en effet, une certaine forme de rétention de l'information, afin de ne pas révéler, au cours de l'entretien, des secrets professionnels concernant leur travail. De même, le récit de leur vécu avait été parfois imprégné des connaissances qu'ils avaient néanmoins acquises, dans le cadre de l'exercice de leur profession, par la lecture d'ouvrages et d'articles portant sur l'ère nationale-socialiste[377].

---

376 Lettre adressée, le 10 octobre 2005, par Kurt Schrimm à Hartmut Weber, 4 p. [ZSL, Dossiers généraux, Classeur 41-89, Projets de livre – 50 ans de *Zentrale Stelle*.]

377 Cf. les interviews des anciens employés de la *Zentrale Stelle* de Ludwigsburg : rapport final et documentation, dossier déjà cité, folio 5.

Au final, ce projet, présenté par Kurt Schrimm et Joachim Riedel, ne vit jamais le jour, du moins pas sous la forme qu'aurait souhaitée les deux procureurs. Wolfram Pyta poursuivant ses démarches visant à trouver un financement pour le projet d'Annette Weinke et étant déjà parvenu à susciter l'intérêt de la Fondation régionale du Bade-Wurtemberg, Hartmut Weber n'avait pu donner une suite favorable au projet proposé par la direction de la *Zentrale Stelle*. Il avait, néanmoins, suggéré que le *Bundesarchiv* pouvait consacrer un numéro des cahiers intitulés *Mitteilungen aus dem Bundesarchiv*[378] et diffusés gratuitement en version papier ou sur Internet, au 50ème anniversaire de l'institution judiciaire : une alternative qui n'avait pas non plus été retenue par la *Zentrale Stelle*[379].

Après avoir écrit à Hartmut Weber, Kurt Schrimm et Joachim Riedel ont continué à rechercher un éditeur pour leur projet de livre. Ils ont, notamment, contacté la maison d'édition C.F. Müller à Heidelberg qui avait déjà publié les ouvrages d'Adalbert Rückerl et d'Alfred Streim. Une connaissance qui faisait partie de l'équipe de C.F. Müller leur avait également promis de défendre le projet de la *Zentrale Stelle* au cours de la réunion suivante qui devait

---

[378] Informations du *Bundesarchiv*. Le troisième cahier de l'année 2008 avait été consacré au Bureau externe de Ludwigsburg ; il ne contenait aucune contribution des magistrats de la *Zentrale Stelle*. Pour la version électronique de ce document, voir le site www.bundesarchiv.de/fachinformationen/01816/index.html.de, site consulté, pour la dernière fois, en octobre 2011.

[379] Lettre adressée, le 14 novembre 2005, par Hartmut Weber à Kurt Schrimm, 2 p. [ZSL, Dossiers généraux, Classeur 41-89, Projets de livre – 50 ans de *Zentrale Stelle*.]

préciser le nouveau programme de publication de la maison d'édition[380].

Une nouvelle lettre adressée, le 7 avril 2006, par Kurt Schrimm, sur le même sujet, aux Editions C.H. Beck, nous fait cependant comprendre que sa démarche n'avait pas connu de suite favorable ; la quête d'un éditeur continuait pour la *Zentrale Stelle*. Dans cette lettre, K. Schrimm mentionnait l'existence d'une lacune dans l'historiographie ; il manquait - selon lui - un ouvrage qui rendît compte, d'une part, de l'évolution et de l'état actuel de la poursuite judiciaire des crimes nationaux-socialistes, et d'autre part, du travail effectué par la *Zentrale Stelle*[381] :

« Cette lacune ne peut pas, non plus, être comblée par un examen d'histoire contemporaine qui est actuellement planifié par la *Forschungsstelle* de Ludwigsburg du séminaire d'histoire de l'Université de Stuttgart pour le 50ème anniversaire[382]. »

Dans la réponse qu'elle a adressée, le 20 décembre 2006, à Joachim Riedel, la maison d'édition Beck l'informait de ce qu'elle n'était pas, non plus, en mesure d'accepter le projet de livre proposé par la *Zentrale Stelle* de Ludwigsburg, un projet qui s'adressait, selon elle, à un public trop spécifique. Elle conseillait, en revanche, à Joachim Riedel de soumettre le projet en question aux Éditions Oldenburg, susceptibles d'être intéressées par un

---

380 Note rédigée, le 17 novembre 2005, par Joachim Riedel, 2 p. [ZSL, Dossiers généraux, Classeur 41-89, Projets de livre – 50 ans de *Zentrale Stelle*.] En même temps, Joachim Riedel avait sondé Hans Pöschko au sujet d'une éventuelle participation du *Förderverein* au projet de livre proposé par la *Zentrale Stelle*.

381 Lettre adressée, le 7 avril 2006, par Kurt Schrimm aux Éditions C. H. Beck, 4 p. [ZSL, Dossiers généraux, Classeur 41-89, Projets de livre – 50 ans de *Zentrale Stelle*.]

382 *Idem*.

tel manuscrit[383]. La *Zentrale Stelle* avait aussi contacté les Éditions Fischer. Mais, encore une fois, cette maison d'édition n'avait pu inclure le projet Schrimm-Riedel à son programme ; elle avait réorienté les procureurs vers une autre maison d'édition[384].

Le projet de livre conçu par la direction de la *Zentrale Stelle* a, finalement, vu le jour sous la forme d'un article paru dans une prestigieuse revue scientifique allemande[385]. Certaines idées, contenues dans la lettre du 10 octobre 2005 adressée par Kurt Schrimm à Hartmut Weber, ont également trouvé un autre terrain d'application. Le livre [386], accompagnant l'exposition permanente du *Bundesarchiv* sur les magistrats ouest-allemands, inclut notamment une contribution de Joachim Riedel sur un essai de comparaison entre la poursuite judiciaire allemande du passé national-socialiste et celle qui avait traité des crimes commis en Allemagne de l'Est. L'ouvrage comprenait également un article rédigé par Andreas Kunz, le deuxième directeur

[383] Courrier électronique adressé, le 20 décembre 2006, par le Dr. Claudia Althaus des Éditions Beck à Joachim Riedel. [ZSL, Dossiers généraux, Classeur 41-89, Projets de livre – 50 ans de *Zentrale Stelle*.]

[384] Voir la lettre adressée, le 7 avril 2006, par Kurt Schrimm aux Éditions Fischer, 4 p, ainsi que la réponse que la *Zentrale Stelle* a reçue de cette maison d'édition, le 3 juillet 2006. [ZSL, Dossiers généraux, Classeur 41-89, Projets de livre – 50 ans de *Zentrale Stelle*.]

[385] Cf. Schrimm Kurt, Riedel Joachim, « 50 Jahre *Zentrale Stelle* in Ludwigsburg. Ein Erfahrungsbericht über die letzten zweieinhalb Jahrzehnte (50 ans de *Zentrale Stelle* à Ludwigsburg. Un bilan de l'expérience sur les deux dernières décennies et demi) » in *Vierteljahrshefte für Zeitgeschichte*, Cahier 4, 2008, pp. 525-555.

[386] Pöschko Hans H. (dir.), *Die Ermittler von Ludwigsburg. Deutschland und die Aufklärung nationalsozialistischer Verbrechen* (Les enquêteurs de Ludwigsburg. L'Allemagne et l'élucidation des crimes nationaux-socialistes), Berlin, Éditions Metropol, 2008, 192 p.

du Bureau externe de Ludwigsburg [387]. La première monographie de la *Zentrale Stelle,* achevée à la veille du 50ème anniversaire de l'institution judiciaire, avait, néanmoins, été rédigée par une historienne à partir d'un point de vue externe…

[387] Ces idées avaient été présentées dans la lettre adressée, le 10 octobre 2005, par Kurt Schrimm à Hartmut Weber, 4 p. Pour les deux articles mentionnés ci-dessus, voir, respectivement, Pöschko Hans H. (dir.), *op. cit.,* pp. 152-161 et pp. 163-167.

Chapitre 10

Les visiteurs reviennent à la *Zentrale Stelle*

Le projet de livre d'Annette Weinke a, finalement, reçu un financement de la Fondation régionale du Bade-Wurtemberg, même si celle-ci lui a accordé une somme inférieure au montant initial sollicité par l'historienne dans son dossier de candidature. Annette Weinke avait cependant déjà entamé son travail. De fait, la période, fixée approximativement à deux années, allait lui permettre largement de mener à bien la rédaction de son ouvrage [388] . Indépendamment de la question de financement, il avait été alors prévu de faire paraître le livre dans la collection de la *Forschungsstelle* chez la *Wissenschaftliche Buchgesellschaft*[389].

Les premiers contacts entre l'historienne et Klaus-Michael Mallmann, le directeur scientifique de la *Forschungsstelle* Ludwigsburg, ont eu lieu à la fin de l'année 2004. La *Zentrale Stelle* et le *Bundesarchiv* ont également offert un accueil favorable à l'historienne dans le bâtiment du 58-rue Schorndorfer. Joachim Riedel avait notamment insisté sur la nécessité, pour ces deux établissements, de " se préparer à la nouvelle situation ", en tant qu'interlocuteurs d'Annette Weinke et initiateurs

---

[388] Note pour Andreas Kunz, document non daté, signé par Joachim Riedel. [ZSL, Dossiers généraux, Classeur 41-89, Projets de livre – 50 ans de *Zentrale Stelle*.]

[389] Un fax adressé, le 2 décembre 2004, par Andreas Kunz à Hartmut Weber. [ZSL, Dossiers généraux, Classeur 41-89, Projets de livre – 50 ans de *Zentrale Stelle*.]

du second projet de livre[390]. Andreas Kunz avait, de son côté, estimé que le *Bundesarchiv* lui apparaissait, en quelque sorte, être écarté de ce projet. Pour cette raison précise, il l'avait considéré comme une possibilité, pour le Bureau externe, de commencer à prendre connaissance des documents de la *Zentrale Stelle* qui ne lui avaient pas encore été transférés, pour pouvoir les mettre – le plus rapidement possible - à la disposition de la recherche historique[391] : une idée qui – étant donné l'attitude ultérieure de la direction de la *Zentrale Stelle* envers le projet d'A. Weinke – n'aurait sans doute pas été approuvée par l'institution judiciaire.

Quoi qu'il en soit, une note rédigée, fort probablement par Joachim Riedel, mentionnait, pour ce qui est de la journée du 29 juin 2006, la présence d'une " personne féminine " étrangère au bâtiment de Ludwigsburg, personne que l'auteur de la note estimait être, à juste titre, Annette Weinke. Celle-ci s'était rendue, le lendemain, en compagnie d'Andreas Kunz dans le bureau de Joachim Riedel, afin de convenir avec lui d'un rendez-vous pour une première discussion au sujet de son projet de livre. Cette discussion eut lieu dans le courant même de la journée. Elle fut l'occasion pour Joachim Riedel et Andreas Kunz, de faire part à l'historienne de leur regret commun de ne pas avoir été sollicités directement ni par Wolfram Pyta, ni par Klaus-Michael Mallmann, au sujet de l'aide que la *Zentrale Stelle* et le *Bundesarchiv* étaient éventuellement susceptibles

[390] Note pour Andreas Kunz, document non daté, signé par Joachim Riedel.

[391] Un fax adressé, le 2 décembre 2004, par Andreas Kunz à Hartmut Weber.

d'apporter au projet de livre[392]. Kurt Schrimm a formulé exactement la même critique à l'encontre de la direction de la *Forschungsstelle* dans un rapport qu'il avait adressé, le 29 juin 2006, au Ministère de la Justice du Bade-Wurtemberg :

« Elle [la *Zentrale Stelle*] doit, pour cela, d'autant plus s'étonner que les initiateurs de la monographie n'ont pas jugé nécessaire, jusqu'à la décision de la Fondation régionale, d'aborder directement la direction de la *Zentrale Stelle* au sujet du projet de livre et que la *Zentrale Stelle* n'a pas été, jusqu'à présent, non plus, consultée formellement sur le projet de livre ; la direction de la *Zentrale Stelle* a plutôt appris le projet de livre, seulement de façon informative, à l'occasion de discussions professionnelles concernant le prochain anniversaire et, comme mentionné, dans le cadre de la réunion du Conseil au *Bundesarchiv,* dont je fais partie en vertu de ma fonction, alors que mon établissement se trouve tout de même au centre des recherches prévues pour la monographie[393]. »

La première réunion du 30 juin 2006 a aussi permis à Joachim Riedel d'informer Annette Weinke de l'existence du projet de livre de la *Zentrale Stelle,* tout en lui assurant qu'il ne s'agissait en aucun cas d'une initiative visant à faire concurrence à l'ouvrage encadré par la *Forschungsstelle*. Malgré cette affirmation, Annette Weinke devrait se soumettre à une application stricte des règles relatives à l'accès des chercheurs aux dossiers généraux de l'institution judiciaire. J. Riedel ne cacha pas, non plus, qu'il existait, à l'époque, certaines tensions entre les

392 Cf. la note rédigée, le 30 juin 2006, par la *Zentrale Stelle* de Ludwigsburg, 3 p. [ZSL, Dossiers généraux, Classeur 41-89, Projets de livre – 50 ans de *Zentrale Stelle*.]

393 Rapport adressé, le 29 juin 2006, par Kurt Schrimm au Ministère de la Justice du Bade-Wurtemberg. [ZSL, Dossiers généraux, Classeur 41-89, Projets de livre – 50 ans de *Zentrale Stelle*.]

différents établissements réunis dans le bâtiment blanc de Ludwigsburg, tensions qui n'avaient évidemment rien à voir avec l'historienne. La règle la plus importante était l'obligation d'obtenir une autorisation préalable du directeur ou de son représentant pour la consultation de tout document entrant dans la catégorie des Dossiers généraux, avant qu'il ne puisse être communiqué à un visiteur quelconque par un employé administratif de la *Zentrale Stelle*[394].

Outre cette règle qui, comme nous allons le voir ci-dessous, peut donner lieu à des interprétations différentes, voire parfois contradictoires, Kurt Schrimm avait décidé d'adopter quelques principes supplémentaires concernant l'accueil d'Annette Weinke par la *Zentrale Stelle*. Dans son rapport du 29 juin adressé au Ministère de la Justice du Bade-Wurtemberg, le directeur de l'institution judiciaire se plaignait de ce que la *Forschungsstelle* pensait pouvoir accéder à tous les Dossiers généraux sans restrictions aucunes, ce qu'il ne lui permettrait cependant guère. La *Zentrale Stelle* poursuivait son activité consistant à conduire ses propres enquêtes préliminaires et à soutenir le travail des parquets allemands. Par ailleurs, l'équipe de Ludwigsburg devait également protéger l'intérêt des institutions judiciaires internationales avec qui elle avait réussi à mettre sur pieds un réseau de coopération efficace, et ce, depuis des décennies. Par conséquent, d'après Kurt Schrimm, une " évaluation critique générale " de la *Zentrale Stelle* ne pourrait, pour les raisons qu'il

---

394 Cf. la note rédigée, le 30 juin 2006, par la *Zentrale Stelle* de Ludwigsburg, 3 p.

venait d'énumérer, être réalisée que lorsque l'institution aurait achevé son activité judiciaire[395].

En ce qui concerne le séjour d'Annette Weinke à la *Zentrale Stelle* [396], Kurt Schrimm avait donc décidé d'accorder cette autorisation indispensable pour l'accès de l'historienne aux Dossiers généraux et enquêtes préliminaires en cours, en examinant cas par cas les demandes qui lui seraient déposées par celle-ci. Le directeur de la *Zentrale Stelle* n'avait pas caché que cette démarche n'exclurait pas, non plus, des refus d'autorisation " sans la communication de raisons " précises à l'historienne. De surcroît, Kurt Schrimm avait écrit qu'il n'accepterait pas, par principe, l'étude des dossiers d'entraide judiciaire. Quant à une possibilité pour A. Weinke d'interviewer les membres de l'équipe actuelle de la *Zentrale Stelle*, Kurt Schrimm y consentirait à condition de recevoir, au préalable, par écrit les questions préparées pour l'entretien. Enfin, le procureur avait fait part au Ministère de la Justice du Bade-Wurtemberg de son intention d'envoyer une copie de ce rapport à la *Forschungsstelle*, dans le cas où le Ministère n'y émettait

[395] Rapport adressé, le 29 juin 2006, par Kurt Schrimm au Ministère de la Justice du Bade-Wurtemberg.

[396] Afin de prévenir toute forme de confusion, il convient, ici, de préciser, encore une fois, que la *Zentrale Stelle*, le Bureau externe de Ludwigsburg et la *Forschungsstelle* de l'Université de Stuttgart, partagent le même bâtiment du 58-rue Schorndorfer à Ludwigsburg. Cela étant, il est question de trois institutions tout à fait différentes qui ne s'immiscent aucunement dans les affaires les unes des autres. Rappelons aussi que les Dossiers généraux et la documentation relative aux enquêtes judiciaires préliminaires en cours sont conservés et, le cas échéant, communiqués à des tierces personnes par la *Zentrale Stelle* et non pas par le Bureau externe du *Bundesarchiv* Ludwigsburg.

pas d'objection[397]. Environ deux semaines plus tard, une employée de la Justice de Stuttgart téléphona au Dr. Riedel, afin de lui demander de retarder l'envoi du rapport du 29 juin à la *Forschungsstelle*, le Ministère étant en train d'examiner la légalité du contenu de ce document[398]. Nous pouvons donc émettre l'hypothèse que les magistrats de Stuttgart ont trouvé le document en question plutôt restrictif, par rapport à la pratique d'accueil libérale des visiteurs à la *Zentrale Stelle*, pratique à laquelle est d'ailleurs associé le nom de l'institution.

Ignorant l'ensemble de ces décisions prises par la direction de l'équipe judiciaire de Ludwigsburg, Annette Weinke a envoyé, le 3 juillet 2006, une lettre à Joachim Riedel qui incluait aussi la description de son projet de livre. Dans celle-ci, l'historienne indiquait les Dossiers généraux qu'elle souhaitait étudier pour son travail. Les dossiers de travail d'Erwin Schüle et d'Adalbert Rückerl qu'elle avait déjà pu consulter dans le cadre de sa thèse de doctorat, figuraient en tête de sa liste. Mais Annette Weinke voulait, aussi et avant tout, recevoir une liste présentant les différentes catégories de documents appartenant au fonds général intitulé *Generalakten* – Dossiers généraux[399].

Dans la réponse rédigée immédiatement le lendemain par Joachim Riedel à Annette Weinke, le procureur avait

---

[397] Rapport adressé, le 29 juin 2006, par Kurt Schrimm au Ministère de la Justice du Bade-Wurtemberg.

[398] Note rédigée, le 14 juillet 2006, par Joachim Riedel, 1 p. [ZSL, Dossiers généraux, Classeur 41-89, Projets de livre – 50 ans de *Zentrale Stelle*.]

[399] Lettre adressée, le 3 juillet 2006, par Annette Weinke à Joachim Riedel. [ZSL, Dossiers généraux, Classeur 41-89, Projets de livre – 50 ans de *Zentrale Stelle*.]

saisi l'occasion de résumer les conditions d'accès de l'historienne à ce fonds de documents particulier : la nécessité de déposer à la *Zentrale Stelle* une demande écrite indiquant les dossiers choisis par l'historienne, le fait de consulter l'ensemble de ces documents dans un bureau de l'institution judiciaire, la signature d'une déclaration d'engagement visant - entre autres objectifs – à protéger les droits des tierces personnes. S'agissant de la consultation des dossiers de travail des anciens directeurs de la *Zentrale Stelle*, J. Riedel avait précisé qu'il ne pouvait les lui communiquer pour le moment, puisque c'était K. Schrimm qui devait décider de leur communication ou non. Même si cette dernière ne pourrait certes consulter, lors de son premier séjour à Ludwigsburg, tous les documents qu'elle avait commandés, elle disposerait néanmoins – selon J. Riedel – de suffisamment de dossiers à étudier pour la brève durée de trois jours, d'autant qu'elle envisageait également cette fois de se rendre au Bureau externe du *Bundesarchiv*[400].

La note rédigée par le Dr. Riedel, le 12 juillet 2006, révèle encore que le début du séjour de recherche d'A. Weinke à Ludwigsburg n'avait pas vraiment commencé comme celle-ci l'aurait souhaité. Le matin de cette journée, l'historienne avait étudié au *Bundesarchiv* le dossier d'entretiens des anciens membres de la *Zentrale Stelle* préparé par Marc von Miquel. Elle avait ensuite voulu entrer dans la salle conservant le fichier central, accès qui lui avait été cependant refusé par Andreas Kunz. A. Weinke ne comprenait pas, non plus, pourquoi elle ne pouvait pas recevoir les dossiers de travail d'Erwin

---

[400] Lettre adressée, le 7 juillet 2006, par Joachim Riedel à Annette Weinke, 3 p. [ZSL, Dossiers généraux, Classeur 41-89, Projets de livre – 50 ans de *Zentrale Stelle*.]

Schüle et d'Adalbert Rückerl[401], dossiers qui lui avaient été pourtant déjà communiqués, sous la direction de Willi Dreßen, quand elle préparait sa thèse de doctorat. L'historienne ne souhaitait pas, non plus, signer le document présenté à tous les visiteurs de la *Zentrale Stelle*, document qui les informait des règles à respecter dans l'étude et l'usage des dossiers généraux. La note de J. Riedel ne mentionnait, à ce sujet, que l'une des raisons de ce refus : l'article concernant le paiement des photocopies qui seraient effectuées par A. Weinke[402].

Le 13 juillet, une nouvelle réunion eut lieu entre l'historienne et le directeur adjoint de la *Zentrale Stelle*. Joachim Riedel prépara, pour l'occasion, la photocopie de l'inventaire des dossiers généraux, un document qu'il était cependant décidé à communiquer à Annette Weinke en contrepartie de la signature par l'historienne du document énonçant les conditions d'accès aux Dossiers

401 Les dossiers de travail présentent un grand intérêt pour les chercheurs s'intéressant à l'histoire de la *Zentrale Stelle* de Ludwigsburg, parce qu'ils espèrent y retrouver des informations sur les magistrats et leur travail. Comme l'avait également précisé J. Riedel à A. Weinke, le dossier d'E. Schüle, même si l'on pouvait le retrouver dans l'inventaire des dossiers généraux, ne contenait cependant plus de documents, ceux-ci ayant été intégrés dans les classeurs correspondant à d'autres dossiers spécifiques. Cf. la lettre adressée, le 7 juillet 2006, par Joachim Riedel à Annette Weinke, 3 p. Je dois souligner, par ailleurs, que j'ai pu étudier quelques volumes du dossier de travail d'Adalbert Rückerl (ZSL, Dossiers généraux, 110 AR 7495 / 1999, Classeurs 1 à 4.) Ceux-ci contenaient, principalement, les ébauches de ses travaux historiques et certains documents d'enquêtes judiciaires préliminaires qu'il avait utilisés pour la rédaction de ces travaux.

402 Note rédigée, le 12 juillet 2006, par Joachim Riedel, 2 p. [ZSL, Dossiers généraux, Classeur 41-89, Projets de livre – 50 ans de *Zentrale Stelle*.]

généraux. Celle-ci souhaitait, néanmoins, contacter au préalable la *Forschungsstelle*[403], afin de s'informer de ses droits[404] en tant que membre à temps partiel de cet institut de recherche. De fait, elle n'accepta pas le compromis proposé par J. Riedel, compromis qui consistait à mettre entre parenthèses l'article sur le paiement des photocopies, pour que l'historienne puisse, en contrepartie, signer le document et obtenir l'inventaire des dossiers généraux. Celle-ci fit notamment part de son étonnement quant à l'obligation de devoir signer le document en question, avant de pouvoir consulter la liste des Dossiers généraux : une obligation, selon elle,

[403] Note rédigée, le 13 juillet 2006, par Joachim Riedel, 2 p. [ZSL, Dossiers généraux, Classeur 41-89, Projets de livre – 50 ans de *Zentrale Stelle*.]

[404] Il importait, pour Joachim Riedel, qu'Annette Weinke ne photocopiât pas les documents de la *Zentrale Stelle* sur le copieur de la *Forschungsstelle*. Soulignons que si l'historienne avait souhaité consulter les documents du Bureau externe du *Bundesarchiv*, elle aurait pu – en tant que membre de la *Forschungsstelle* – bénéficier de certains avantages tels que la possibilité de photocopier précisément les documents du *Bundesarchiv* sur le copieur de la *Forschungsstelle*. Elle aurait pu, en outre, lire ces documents dans son bureau de la *Forschungsstelle* à la condition de ne pas boire, manger ou fumer. Par ailleurs, les membres de la *Forschungsstelle* étaient soumis aux mêmes règles gérant l'accès à la documentation du *Bundesarchiv* que d'autres catégories de visiteurs. Ils devaient, autrement dit, déposer une demande précisant les dossiers qu'ils souhaiteraient examiner ; ils étaient tenus de citer les documents en question conformément à la règle établie par le *Bundesarchiv* lui-même et devaient aussi adresser, à la fin de leur recherche, un exemplaire de leur travail au Bureau externe de Ludwigsburg. Voir, sur ce sujet précis, l'accord passé entre le *Bundesarchiv* et l'Institut de recherche de l'Université de Stuttgart sur l'utilisation des pièces d'archive du Bureau externe de Ludwigsburg du *Bundesarchiv*, 2 p. [ZSL, Dossiers généraux, Classeur 41-82, Institut de recherche de l'Université de Stuttgart.] Ce document a été signé par les professeurs Wolfram Pyta et Hartmut Weber.

incompatible avec sa propre expérience avec les archives d'autres établissements judiciaires, comme par exemple les administrations de la justice en Allemagne. À cette occasion précise, l'historienne ne cacha pas à son interlocuteur de la *Zentrale Stelle* son mécontentement sur le déroulement de son séjour à Ludwigsburg, qu'elle jugea inefficace. Sans recevoir la totalité des dossiers qu'elle avait choisis, Annette Weinke ne pouvait pas, en effet, avancer dans son travail. Joachim Riedel réagit, de son côté, à cette remarque en soulignant le manque de coopération de la *Forschungsstelle* dans les préparatifs du projet de livre du 50ème anniversaire[405]. Il est, cependant, difficile de comprendre le bien-fondé d'un tel reproche, la *Zentrale Stelle* ayant été informée de ce projet, auquel elle avait accordé, d'ailleurs, son plein soutien, au cours d'une réunion du Conseil scientifique. Sur la base d'un autre exemple de projet qui va être présenté dans les pages qui suivent, nous pouvons émettre l'hypothèse que la direction de la *Zentrale Stelle* aurait probablement souhaité, en plus, d'être associée, en quelque sorte, au projet de livre, sous la forme notamment d'une

---

[405] Note rédigée, le 13 juillet 2006, par Joachim Riedel, 2 p. Au début de mon séjour de recherche à la *Zentrale Stelle* en novembre 2010, j'ai constaté que l'institution judiciaire ne disposait pas d'une version papier de l'inventaire des dossiers généraux, et ce, bien que plusieurs chercheurs aient déjà sollicité l'institution pour prendre connaissance de ce document. Par ailleurs, Thomas Will, l'actuel directeur adjoint de la *Zentrale Stelle*, a préféré que je lise l'inventaire des dossiers généraux pour en choisir les documents à étudier dans son bureau même et non pas dans le bureau de l'institution judiciaire qui m'avait été attribué pour la durée de mon séjour de trois mois à Ludwigsburg. Cela me paraît une mesure exagérée, tout comme celle d'exiger au préalable d'Annette Weinke la signature du document réglementant les conditions d'accès aux archives institutionnelles de la *Zentrale Stelle*, avant de lui donner une copie de l'inventaire de ces documents.

collaboration à la supervision scientifique de la monographie.

Lorsque les relations entre la *Zentrale Stelle* et son visiteur ont pris la voie de l'enlisement, les règles d'accès aux dossiers généraux sont devenues aussi plus strictes. Le 11 juillet 2006, Joachim Riedel a ainsi demandé à Annette Weinke, dans un e-mail, de lui faire parvenir, " au plus tard au début de [sa] visite ", une attestation mentionnant que l'historienne avait bien été engagée par la *Forschungsstelle* pour rédiger une monographie dans le cadre des activités du 50ème anniversaire de la *Zentrale Stelle*[406]. " Monsieur Riedel souhaitant en recevoir une confirmation officielle ", Klaus-Michael Mallmann, le directeur scientifique de la *Forschungsstelle,* a pris, finalement, la plume en vue de signer cette attestation indiquant qu'Annette Weinke préparait bien, pour la *Forschungsstelle* Ludwigsburg, une étude " critique " sur la *Zentrale Stelle*[407].

Deux jours plus tard, Wolfram Pyta et Joachim Riedel se sont rencontrés, par hasard, dans un colloque organisé par la Bibliothèque pour l'histoire du temps présent à Stuttgart. Le directeur de la *Forschungsstelle* et le directeur adjoint de la *Zentrale Stelle* ont saisi l'occasion pour discuter des divergences existant entre les deux établissements en ce qui concerne le projet. Au cours de

---

406 E-mail envoyé, le 11 juillet 2006, par Joachim Riedel à Annette Weinke. [ZSL, Dossiers généraux, Classeur 41-89, Projets de livre – 50 ans de *Zentrale Stelle*.]

407 Attestation, rédigée par Klaus-Michael Mallmann, à l'attention de Kurt Schrimm. [ZSL, Dossiers généraux, Classeur 41-89, Projets de livre – 50 ans de *Zentrale Stelle*.] Cette attestation porte la date du 6 juillet 2006 ; il est toutefois probable qu'elle ait été rédigée après " l'ultimatum " du Dr. Riedel du 11 juillet.

cette conversation, qui fut qualifiée par J. Riedel de " détaillée " et de tout à fait " positive ", W. Pyta annonça au directeur adjoint son intention de venir à la *Zentrale Stelle* dès le retour de vacances de Kurt Schrimm, afin de résoudre avec eux les divergences apparues. Déjà, à la suite de ce premier entretien, A. Weinke a signé le document contenant les conditions d'accès des chercheurs aux Dossiers généraux sans émettre la moindre réserve sur son contenu[408].

La rencontre entre W. Pyta et la direction de la *Zentrale Stelle* eut lieu, ensuite, le 31 juillet 2006 à Ludwigsburg. Elle permit aux deux parties de formuler clairement leurs attentes respectives. W. Pyta souligna, pour sa part, l'importance des dossiers de travail des anciens directeurs de la *Zentrale Stelle* pour la recherche d'A. Weinke ; Kurt Schrimm et Joachim Riedel précisèrent, de leur côté, encore une fois, la nécessité pour eux de procéder à un examen préalable de ces dossiers avant de pouvoir les communiquer à l'historienne. Un compromis fut toutefois aménagé à la suite de cet échange de points de vue. A. Weinke commencerait, tout d'abord, par commander et étudier d'autres dossiers généraux, à condition que ceux-ci ne contiennent pas de données susceptibles de nuire au déroulement du travail de la *Zentrale Stelle.* Certains dossiers – comme les enquêtes judiciaires en cours, les documents relatifs aux affaires internes de l'institution judiciaire ou encore ceux concernant les relations des magistrats avec les établissements judiciaires ou historiques étrangers – en

---

408 Note rédigée, le 14 juillet 2006, par Joachim Riedel, 2 p. [ZSL, Dossiers généraux, Classeur 41-89, Projets de livre – 50 ans de *Zentrale Stelle.*]

étaient toujours exclus[409]. Puis, l'historienne pourrait entreprendre une recherche plus ciblée autour de thèmes qui l'intéresseraient le plus dans les dossiers de travail des anciens directeurs de la *Zentrale Stelle*[410].

Quoi qu'il en soit, pour les mois qui suivirent, les documents tirés du dossier général relatif au projet de livre du 50ème anniversaire évoquent à présent l'existence d'un " terrain d'entente acceptable " pour les deux parties au sujet du séjour d'Annette Weinke à la *Zentrale Stelle*[411]. Ce dossier général a finalement été clos, au mois d'octobre 2008, lorsque l'historienne a envoyé à Joachim Riedel un exemplaire de son livre, qui venait de paraître aux Éditions *Wissenschaftliche Buchgesellschaft*, en le remerciant du soutien qu'il lui avait apporté durant son séjour à Ludwigsburg[412].

Parallèlement à la monographie d'Annette Weinke, d'autres chercheurs – Lenka Sindelerova[413], Charles

---

[409] Écrit adressé, le 19 septembre 2006, par Kurt Schrimm au Ministère de la Justice du Bade-Wurtemberg. [ZSL, Dossiers généraux, Classeur 41-89, Projets de livre – 50 ans de *Zentrale Stelle*.]

[410] Note rédigée, le 31 juillet 2006, par Joachim Riedel, 2 p. [ZSL, Dossiers généraux, Classeur 41-89, Projets de livre – 50 ans de *Zentrale Stelle*.]

[411] Voir, à titre d'exemple, le compte-rendu du 15 mars 2007 de la réunion du Conseil scientifique au *Bundesarchiv*-Bureau externe de Ludwigsburg, ainsi que l'écrit adressé, le 19 septembre 2006, par Kurt Schrimm au Ministère de la Justice du Bade-Wurtemberg.

[412] Lettre adressée, le 21 octobre 2008, par Annette Weinke à Joachim Riedel. [ZSL, Dossiers généraux, Classeur 41-89, Projets de livre – 50 ans de *Zentrale Stelle*.]

[413] Lenka Sindelarova, étudiante de l'Université Chales de Prague, a rédigé un mémoire sur la *Zentrale Stelle* de Ludwigsburg. Cf. Sindelarova Lenka, *50 Jahre Zentrale Stelle und die Strafverfolgung von NS-Verbrechen in der Bundesrepublik* (50 ans de Zentrale Stelle et la poursuite judiciaire des crimes nationaux-socialistes dans la

Lansing[414] et Jan Havlik[415] - ont déposé auprès de la direction de la *Zentrale Stelle* une demande, afin de pouvoir accéder aux Dossiers généraux de l'institution pour leurs travaux universitaires. Kurt Schrimm a adopté à leur égard la même politique d'accueil que celle qui a été finalement acceptée pour le séjour d'A. Weinke.

République fédérale), mémoire préparé sous la direction de Volker Zimmermann, Université Charles à Prague, Faculté des Sciences sociales, Chaire d'études allemandes et autrichiennes, Prague, 2008, 80 p. Soulignons qu'il existe un autre mémoire qui a été écrit sur cette institution judiciaire par Rüdiger Kuhlmann, mais dont nous n'avons pu trouver d'exemplaire dans la bibliothèque du *Bundesarchiv* de Ludwigsburg. Il s'agit de Kuhlmann Rüdiger, *Die Ludwigsburger Zentrale Stelle und ihr gesellschaftliches und justizielles Umfeld* (La *Zentrale Stelle* de Ludwigsburg et son environnement social et judiciaire), mémoire d'histoire rédigé à l'Université de Hanovre en 2000, nombre de pages et directeur de mémoire inconnus.

[414] Charles Lansing, un historien de l'Université du Connecticut, préparait, selon un écrit de Kurt Schrimm, une monographie sur l'histoire de la *Zentrale Stelle* de 1958 à 1978. Cf. l'écrit adressé, le 5 juin 2007, par Kurt Schrimm au Ministère de la Justice du Bade-Wurtemberg. [ZSL, Dossiers généraux, Classeur 41-89, Projets de livre – 50 ans de *Zentrale Stelle*.] Il a, également, contribué au cahier spécial du *Bundesarchiv* qui a été consacré en 2008 à la *Zentrale Stelle* de Ludwigsburg. Cf. Lansing Charles, « New Uses of the *Bundesarchiv Außenstelle* Ludwigsburg » *in* Mitteilungen aus dem Bundesarchiv, document déjà cité, 3 p.

[415] Soulignons, toutefois, que la *Zentrale Stelle* occupe, finalement, peu de place dans cette étude. Havlik Jan, *Der Fürsprech. Dr. Wolfgang Haußmann : Liberaler Politiker in Baden-Würtemberg. Eine politische Biographie* (Plaidoyer. Le Dr. Wolfgang Haußmann : un homme politique libéral dans le Bade-Wurtemberg. Une biographie politique), Thèse de doctorat préparée, sous la direction du professeur Franz Quarthal, au Département d'Histoire régionale de l'Institut historique de l'Université de Stuttgart, 2010, 259 p. Je remercie le professeur Wolfram Pyta de m'avoir permis de lire un exemplaire de ce travail, lors de mon séjour de recherche à Ludwigsburg / Stuttgart en novembre 2010-janvier 2011.

Encore une fois, il y était aussi question de procéder à un examen préalable des dossiers qui pouvaient être communiqués à ces trois visiteurs, une tâche supplémentaire qui prenait beaucoup de temps aux magistrats de Ludwigsburg[416] :

« Comme la supervision du cercle de visiteurs, qui entre ici en ligne de compte en tant que tels, nécessite déjà beaucoup de temps et comme, en outre, chaque dossier général souhaité doit être examiné un à un, s'il peut être considéré pour [une autorisation] d'accès au dossier, la capacité de travail des membres de la *Zentrale Stelle* qui connaissent le mieux ce matériel, sera limitée de façon non-négligeable par la montée actuelle de telles requêtes. En considérant [ce fait], je dois – à moins qu'une instruction contraire ne soit donnée – me réserver la possibilité de ne pas autoriser temporairement ou [d'autoriser] seulement avec des restrictions les requêtes de ce genre pour que l'activité professionnelle réelle et prioritaire de la *Zentrale Stelle* ne soit pas – du moins pas de façon permanente - entravée[417]. »

Le Ministère de la Justice du Bade-Wurtemberg n'opposa pas d'objection particulière à la remarque de Kurt Schrimm. Il recommendait toutefois à la direction de la *Zentrale Stelle* de veiller à ce que les chercheurs ne fassent l'objet d'aucune discrimination injustifiée au moment de l'évaluation des demandes d'autorisation de consultation des Dossiers généraux. En cas de nécessité de suspendre provisoirement l'accès des visiteurs à cette documentation ou de ne pouvoir le permettre que de

---

[416] Écrit adressé, le 5 juin 2007, par Kurt Schrimm au Ministère de la Justice du Bade-Wurtemberg.

[417] *Idem.*

façon très restrictive, le Ministère souhaitait recevoir un rapport précis sur le sujet[418].

Hormis les chercheurs, quelques cinéastes ont également sollicité les magistrats de Ludwigsburg, en vue de réaliser un film sur la *Zentrale Stelle* de Ludwigsburg. L'exemple de Joachim Castan, un historien travaillant dans la réalisation de documentaires sur l'histoire contemporaine[419], révèle, en outre, une autre facette de la politique d'accueil des visiteurs par l'institution judiciaire. La direction de la *Zentrale Stelle*, favorable à ce type de projet, est, en fait, parfois intervenue dans la manière de formuler certains points dans la présentation du travail en question.

Dans le cas précis de J. Castan, au stade initial du projet, c'est Hans-Helmut Pöschko, le directeur actuel du *Förderverein Zentrale Stelle*, qui a rempli la fonction de personne de contact entre J. Castan et la direction de l'institution judiciaire. C'est lui qui a transmis à Kurt Schrimm et à Joachim Riedel une première description du projet intitulé *Gerechtigkeit – nicht Rache. 50 Jahre " Zentrale Stelle zur Aufklärung nationalsozialistischer Verbrechen " in Ludwigsburg* (La justice – pas la vengeance. 50 ans " d'Office central pour l'élucidation des crimes nationaux-socialistes " à Ludwigsburg). Il s'agissait d'un projet de documentaire abordant les thèmes classiques liés à

---

418 Lettre adressée, le 22 juin 2007, par le Ministère de la Justice du Bade-Wurtemberg à la *Zentrale Stelle* de Ludwigsburg, 1 p. [ZSL, Dossiers généraux, Classeur 41-89, Projets de livre – 50 ans de *Zentrale Stelle*.]

419 Joachim Castan est titulaire de deux doctorats, l'un en histoire, l'autre en Sciences de la communication. Cf. le *Curriculum Vitæ* de Joachim Castan qui, accompagné de son projet de film, a été envoyé, le 13 juin 2007, par Hans-Helmut Pöschko à Joachim Riedel. [ZSL, Dossiers généraux, Classeur 41-90, Anniversaire des 50 ans d'activité.]

l'histoire de la *Zentrale Stelle* tels que la prise de conscience de l'existence de crimes nationaux-socialistes qui, à la fin des années 50, n'avaient pas encore fait l'objet d'une instruction judiciaire ou encore le travail de justice entrepris par l'équipe de Ludwigsburg dans l'environnement hostile des années 60. Dans cette perspective, J. Castan avait envisagé aussi d'interviewer les anciens membres de la *Zentrale Stelle,* ainsi que ceux qui y étaient encore en exercice. Par ailleurs, le cinéaste avait prévu d'intégrer à son film le témoignage d'une rescapée d'Auschwitz. C'est dans ce but qu'il avait proposé de présenter trois dossiers constitués par la *Zentrale Stelle* pour exposer à la fois les crimes commis sous l'autorité du IIIe *Reich* et le travail de poursuite judiciaire réalisé dans le cadre de ces trois exemples[420].

Ayant pris connaissance du projet, J. Riedel avait fait part, le 14 décembre 2006, à Hans H. Pöschko de points du texte sur lesquels Kurt Schrimm et lui-même étaient en désaccord. Le premier point critiquait – une fois encore - le fait que J. Castan ait présenté la *ZentraleStelle* comme un lieu qui se serait transformé en un institut d'archives et de recherche, alors qu'il était plutôt question de la cohabitation au 58-rue Schorndorfer de deux établissements différents[421] :

« La *Zentrale Stelle* est et demeurera jusqu'à la fin une institution de justice qui, dans le cadre de la poursuite

[420]*Idem*. Le texte du projet contient plusieurs corrections, en particulier orthographiques, probablement effectuées par J. Riedel au moyen d'un stylo bleu.

[421] Lettre adressée, le 14 décembre 2006, par la *Zentrale Stelle* de Ludwigsburg à Hans-Helmut Pöschko, 3 p. [ZSL, Dossiers généraux, Classeur 41-90, Anniversaire des 50 ans d'activité.]

judiciaire, est tenue d'accomplir des tâches précises à l'initiative du Ministère public[422]. »

J. Riedel contestait également l'idée diffusée dans le projet, selon laquelle tous les suspects des crimes nationaux-socialistes seraient déjà morts et que par conséquent, le travail de la *Zentrale Stelle* aurait touché à sa fin. " Au contraire ", l'équipe de magistrats à Ludwigsburg se trouverait, d'après l'explication fournie par J. Riedel, dans une situation particulière où elle était lancée dans une véritable " course contre la montre ". Plus précisément, la *Zentrale Stelle* étudiait alors encore un certain nombre d'archives : les seules recherches conduites au cours de l'année 2005 et, en partie, en 2006, à la fois en Italie et en Ukraine, avaient notamment débouché sur l'ouverture de vingt-deux dossiers d'enquêtes préliminaires[423].

Environ un mois plus tard, Joachim Riedel avait également écrit une lettre à J. Castan dans laquelle il ne manquait pas de souligner son soutien au projet de film. Même si le cinéaste avait déjà effectué sur son projet quelques modifications proposées par le directeur adjoint de la *Zentrale Stelle*, ce dernier tenait encore à mentionner les quelques passages restants qui ne lui convenaient pas dans la présentation du projet. Certaines remarques visaient seulement à rectifier des erreurs factuelles[424] ; d'autres insistaient sur la nature purement judiciaire de la

---

[422]*Idem.*

[423]*Idem.*

[424] À titre d'exemple, J. Castan avait écrit que Klaus-Michael Mallmann était le directeur de la *Forschungsstelle*, alors que ce poste était occupé par Wolfram Pyta. Sinon, le cinéaste avait affirmé à tort que le matériel judiciaire étranger à la *Zentrale Stelle* venait d'Israël, alors qu'il provenait plutôt de Pologne.

mission de la *Zentrale Stelle*. J. Castan se montra ouvert à l'ensemble de ces suggestions. Il objecta une seule fois à une remarque de J. Riedel qui recommandait d'adopter un ton plutôt neutre dans l'évaluation du travail de poursuite judiciaire des crimes nationaux-socialistes accompli par la *Zentrale Stelle*. Ainsi, au lieu de parler d'une " histoire de succès ", le directeur adjoint préférait mentionner la " contribution " de l'équipe de Ludwigsburg au travail de poursuite judiciaire dans la République fédérale[425]. Ce à quoi J. Castan avait réagi en écrivant qu'il ne fallait pas minimiser, eux-mêmes, ce bilan, en particulier à un stade du projet où ils tenteraient de trouver un financement pour la réalisation du film. Ce faisant, il en profitait pour souligner que le projet, destiné au grand public, différait d'une étude universitaire qui, au contraire, aurait en effet nécessité que soient pris en considération divers facteurs et interprétations relatifs à l'évaluation du travail de justice accompli par la *Zentrale Stelle*[426].

La version finale du projet a donc largement tenu compte des remarques de Joachim Riedel, de sorte qu'en la lisant, on peut – de temps à autre - croire entendre l'écho de la voix du directeur adjoint de la *Zentrale Stelle* :

« Comme la génération des exécuteurs s'éteint progressivement, une véritable " course contre la montre[427] " a commencé pour l'institution judiciaire. Précisément, ces

[425] Lettre adressée, le 16 janvier 2006, par J. Riedel à J. Castan, 3 p. [ZSL, Dossiers généraux, Classeur 41-90, Anniversaire des 50 ans d'activité.]

[426] E-mail du 19 mars 2007 envoyé par Joachim Castan à la *Zentrale Stelle* de Ludwigsburg. [ZSL, Dossiers généraux, Classeur 41-90, Anniversaire des 50 ans d'activité.]

[427] Expression utilisée par Joachim Riedel. Cf. le compte-rendu de la réunion du Conseil scientifique du *Bundesarchiv*-Bureau externe de Ludwigsburg réalisée le 9 mars 2006.

dernières années passées, des fonds d'archives totalement nouveaux en Italie, en Ukraine et en Biélorussie, qui sont actuellement vérifiés pour leur pertinence [de point de vue du droit] pénal, ont pu être trouvés. La *Zentrale Stelle* demeure – tant que des exécuteurs peuvent encore être poursuivis pénalement – un lieu de l'élucidation judiciaire des crimes nationaux-socialistes[428]. »

Face à l'ensemble de ces données, nous pouvons constater que la *Zentrale Stelle* n'a pas mis en œuvre une politique d'accueil rationnelle-efficace des chercheurs souhaitant étudier son fonds de Dossiers généraux. La procédure consistant à examiner – ou plutôt à réexaminer - les mêmes dossiers, chaque fois qu'un visiteur dépose une nouvelle demande d'autorisation d'accès aux archives institutionnelles de l'établissement requiert –sans aucun doute – un temps considérable pour le directeur adjoint de la *Zentrale Stelle* qui se charge d'habitude d'encadrer les chercheurs en question. Ces derniers réclamant, de plus en plus, depuis déjà les préparatifs pour le 50ème anniversaire de l'institution judiciaire de lire, le plus souvent, les mêmes dossiers généraux, ne serait-il pas en fin de compte plus efficace, pour la *Zentrale Stelle*, de procéder *une seule fois* à l'examen du contenu de cette documentation, afin de la mettre plus rapidement à la disposition de la recherche historique ? Cela éviterait à la direction de la *Zentrale Stelle* de recourir à l'argument du manque de temps ou à celui du risque d'entrave à l'activité judiciaire – prioritaire – de l'institution : des arguments qui ne sont plus plausibles, la poursuite

[428] Cette version contient toujours des corrections au stylo bleu. Cf. une autre version de six pages du projet de film de Joachim Castan qui porte la date du 11 juin 2007. [ZSL, Dossiers généraux, Classeur 41-90, Anniversaire des 50 ans d'activité.] Soulignons aussi que le projet de J. Castan n'a pas été achevé.

judiciaire des crimes nationaux-socialistes arrivant – il faudrait le reconnaître un jour - à son terme. De même, une politique unique prévoyant les modalités d'accès des visiteurs aux Dossiers généraux, c'est-à-dire une politique assortie de l'énonciation de conditions précises et invariables, préviendrait la direction de la *Zentrale Stelle* d'adopter des pratiques d'accueil différentes, voire incohérentes, susceptibles, un jour, de remettre en cause sa renommée internationale justifiée[429].

[429] À titre d'exemple, il est étonnant de voir, en étudiant le dossier général sur le projet de livre d'A. Weinke, que, contrairement à cette historienne, j'ai obtenu l'autorisation de consulter les documents concernant les questions d'entraide judiciaire entre la *Zentrale Stelle* et ses partenaires internationaux.

Conclusion

Le 6 mai 2008, les Archives régionales de Ludwigsburg ont organisé, dans le cadre des activités du 50ème anniversaire de la *Zentrale Stelle*, une projection du film de Jochen Faber[430]. Ce film, dont le titre en allemand est *Das Geheimnis der Orangenkisten*[431], présente la *Zentrale Stelle* tout en intégrant son histoire dans celle de la ville de Ludwigsburg[432]. Il s'achève sur une " déclaration d'amour à la Constitution " allemande, si l'on reprend la formule utilisée par J. Faber dans la description de son projet de documentaire qui date de juillet 2007[433]. Ce 17ème point de l'ébauche a ensuite été retenu par le journaliste dans la version finale de son film. Il a pris la forme d'une lecture du Préambule de la Constitution, dont chaque segment de phrase a été prononcé par un citoyen différent de la ville de Ludwigsburg ; il constitue indubitablement la partie la plus marquante du documentaire qui réussit à montrer que " l'expérience de Ludwigsburg " peut constituer une sorte d'enseignement à caractère civique invitant les citoyens à faire preuve de vigilence à l'égard des dérives

---

430 Note rédigée, le 28 avril 2008, par Joachim Riedel, 2 p. [ZSL, Dossiers généraux, Classeur 41-90, Anniversaire des 50 ans d'activité.] Jochen Faber est un journaliste originaire de Ludwigsburg.

431 *Das Geheimnis der Orangenkisten* (Le secret des caisses d'oranges), Jochen Faber, film documentaire, Allemagne, 2008, 90 minutes.

432 Voir la lettre envoyée, le 29 décembre 2006, par Jochen Faber à Wolfram Wiesemann, ainsi que l'écrit adressé, le 11 janvier 2007, par le journaliste à Kurt Schrimm et Joachim Riedel. [ZSL, Dossiers généraux, Classeur 41-90, Anniversaire des 50 ans d'activité.]

433 Cf. le courrier électronique envoyé, le 12 juillet 2007, par Jochen Faber à Joachim Riedel. [ZSL, Dossiers généraux, Classeur 41-90, Anniversaire des 50 ans d'activité.] Celui-ci incluait une description de cinq pages du projet de film.

anti-démocratiques d'un régime politique. Le Bureau externe du *Bundesarchiv* Ludwigsburg se réfère déjà à cette expérience dans son programme pédagogique qu'il applique lors de la visite des groupes d'élèves du secondaire dans les locaux du bâtiment du 58-rue Schorndorfer[434].

Mais que faudrait-il exactement entendre par " l'expérience de Ludwigsburg " ? La *Zentrale Stelle* a instruit les enquêtes préliminaires des crimes nationaux-socialistes, conformément au droit national ouest-allemand. Ce faisant, elle a pleinement respecté les principes qui sont en vigueur dans tout État de droit. Elle s'est, de ce fait, attirée de nombreuses critiques, en particulier des pays tels que la Pologne qui avaient connu le temps amer de l'occupation nazie. Ces critiques reprochaient, en particulier, à l'équipe de Ludwigsburg le nombre réduit d'inculpations et les cas encore plus exceptionnels de condamnations effectives résultant d'un minutieux travail d'enquête préliminaire accompli – aucun établissement ne l'a jusqu'à présent mis en cause – par la *Zentrale Stelle*. Sur ce point précis, un ancien magistrat de l'institution avait fait la remarque suivante :

« Car ce qui était, en partie, effrayant en considérant les archives à Ludwigsburg, ce fut [de voir] avec quel grand engagement des collègues isolés ont travaillé avec beaucoup de précision, ont enquêté avec l'aide de policiers, ont élaboré un rapport final, ont envoyé ce rapport final au parquet compétent auquel il ne restait, en fin de compte, qu'à écrire " acte d'accusation " en haut, au-dessus du rapport final. Il aurait suffi

---

[434] Le programme pédagogique au *Bundesarchiv* Ludwigsburg a commencé à l'époque du Dr. Königstein autour du thème de l'euthanasie. Il est encadré depuis 2005 par Bernd Kreß et propose aux étudiants plusieurs sujets de réflexion comme, par exemple, le camp d'Auschwitz ou encore la mission de Kurt Gerstein.

de le déposer au tribunal compétent, et à mon avis, ce tribunal aurait dû ouvrir [le procès]. Les parquets ont, cependant, tout suspendu, après une période d'attente obligatoire, un certain temps, sur des motifs – je ne veux pas dire douteux - délicats du point de vue juridique[435]. »

Le bilan du travail de la *Zentrale Stelle*, souvent exprimé en nombre de dossiers d'enquêtes préliminaires transférés aux parquets compétents, vient illustrer les propos du juge Helmut Kellermann. Le rapport d'activité, établi par la direction de l'institution judiciaire pour l'année 2003, indique notamment que le nombre total d'enquêtes préliminaires, entamées depuis la fondation de la *Zentrale Stelle* jusqu'à la date du 31 décembre 2003, s'est élevé à 7266, dont 7257 ont été achevées[436]. Pour ce qui est, en revanche, du nombre d'arrêts exécutoires ayant prononcé une condamnation, nous en décomptons, pour les années 1965 - 66, uniquement 64, un résultat qui correspond à 1 % de l'ensemble des dossiers transmis aux parquets compétents. Ce nombre tombe à 23 condamnations - soit 0,8 % - pour l'année 1969[437]. Il s'agit-là, cependant, de données concernant une période où il était, tout de même, beaucoup plus probable de retrouver

---

[435] Cf. l'interview du juge Helmut Kellermann réalisée à Brême, le 25 novembre 2002, par Marc von Miquel, dossier déjà cité, folio 207. Helmut Kellermann a été affecté à la *Zentrale Stelle* de 1987 à 1988. Il y a travaillé sur l'examen des listes de l'UNWCC, les crimes d'euthanasie et les camps de concentration.

[436] Cf. le rapport d'activité de la *Zentrale Stelle* de Ludwigsburg pour la période du 1er janvier au 31 décembre 2003, 19 p. [ZSL, Dossiers généraux, Classeur 1-3, Rapports d'activité, Volume 5.] Document du 21 avril 2004 signé par Kurt Schrimm.

[437] Cf. le Mémorandum qui décrit le travail actuel et futur de l'Office central des administrations de la Justice du *Land* pour l'élucidation des crimes nationaux-socialistes, folio 35.

des suspects de crimes nationaux-socialistes et les témoins de ces crimes.

Le succès de la *Zentrale Stelle* ne se mesure évidemment pas uniquement au nombre de condamnations qui a résulté de ses enquêtes judiciaires. Malgré les faibles chances de voir aboutir, depuis la fin des années 70, une instruction préliminaire parvenir à l'étape de la constitution d'un acte d'accusation, les magistrats de Ludwigsburg ont poursuivi leur travail qui, comme ils s'en sont rendus compte eux-mêmes, a commencé à revêtir une signification plutôt historienne. Dès lors, s'il est devenu plus difficile d'obtenir la condamnation de criminels nazis, les magistrats de la *Zentrale Stelle* ont réussi, en revanche, à éclairer les crimes de masse en question dans divers documents judiciaires : par exemple, dans les rapports d'avancement, dans les notes explicatives ou encore dans le rapport de clôture d'un dossier. Ce faisant, ils s'inspiraient largement de la méthode historienne. Leur enquête débutait ainsi toujours par une lecture attentive de l'historiographie de l'ère nationale-socialiste étant alors en voie d'émergence. Elle se poursuivait par l'audition des différents acteurs de l'époque de la Seconde Guerre mondiale et par un examen attentif des rares documents issus de la bureaucratie nazie.

Cette méthode de travail a permis de constituer l'une des documentations les plus importantes, comparée à celle de toutes les autres institutions mémorielles et historiques travaillant sur le génocide des Juifs. Parallèlement aux chercheurs venant des quatre coins du monde à Ludwigsburg, l'Institut de recherche de Ludwigsburg, dépendant de l'Université de Stuttgart, s'est engagé, certes, depuis avril 2001, dans le développement d'un programme d'étude reposant sur l'importante documentation recueillie par la *Zentrale Stelle*. Une équipe restreinte encadre, dans ses murs, des travaux universitaires et prépare la publication de livres dans le domaine de l'histoire du national-socialisme.

Cela étant, on est, encore aujourd'hui, loin de la concrétisation du projet conçu par Klaus-Peter Runzer ou de l'application des idées de Wolfram Pyta qui avait suggéré, à l'instar d'autres magistrats de l'équipe de la *Zentrale Stelle*, de mettre sur pieds un séminaire d'histoire à partir de l'expérience et des archives accumulées par cette institution judiciaire. En effet, la ville de Ludwigsburg, connue également pour son château baroque ou son académie cinématographique, fut le lieu emblématique de la confrontation judiciaire (ouest-) allemande au passé national-socialiste, un lieu de justice ; elle est désormais susceptible de devenir une ville abritant un séminaire international d'histoire au niveau universitaire qui se spécialiserait dans l'enseignement et l'étude de crimes à caractère universel, autrement dit des génocides, des crimes contre l'humanité et des crimes de guerre. Le point de départ d'un tel séminaire s'enracinerait toujours dans " l'expérience de Ludwigsburg " privilégiant la confrontation d'un peuple à son passé difficile par la voie d'une justice prononcée par un tribunal, lorsqu'il s'agirait d'un crime récent, d'une justice symbolique rendue par l'histoire, lorsqu'il serait trop tard ou en cas d'absence de volonté politique déterminée à poursuivre les auteurs de ce crime.

Malgré tous les acquis de la dernière décennie qui a vu émerger à Ludwigsburg plusieurs initiatives soucieuses de gérer l'héritage documentaire de la *Zentrale Stelle*, l'initiative historienne pourrait donc se voir davantage renforcée dans cette perspective. Quoi qu'il en soit le bilan du travail de cette institution judiciaire est évalué positivement par les chercheurs de différentes disciplines, non seulement parce que les magistrats de la *Zentrale Stelle* ont, effectivement, " bien travaillé pour l'histoire ", selon la célèbre formule de Pierre Vidal-Naquet[438], mais aussi et surtout, parce qu'en forgeant le modèle de Ludwigsburg à travers une longue pratique de travail, en ayant surmonté plusieurs obstacles, ils ont fait eux-mêmes (de) l'histoire.

[438] Cf. la préface de Pierre Vidal-Naquet dans BROWNING Christopher, *op. cit.*, p. XV.

SOURCES

Archives consultées

Bureau externe du *Bundesarchiv*de Ludwigsburg

B 162 / 8, 9, 10, 12, 13
Procès-verbaux des journées de travail des procureurs chargés dans la République fédérale d'Allemagne de la poursuite pénale des crimes nationaux-socialistes

B 162 / 61
Interviews des anciens employés de l'Office central des administrations de la Justice du *Land* pour l'élucidation des crimes nationaux-socialistes à Ludwigsburg. Rapport final et documentation

B 162 / 62
Singularités rassemblées et notées à la *Zentrale Stelle*

B 162 / 5595
Mémorandum concernant le travail actuel et futur de la *Zentrale Stelle* des administrations de la Justice du *Land*

B 162 / 20482, 20484
Lettres adressées à la *Zentrale Stelle*

B 162 / 20054
Introduction au travail de la *Zentrale Stelle*

B 162 / 26731, 26732, 26733, 26734, 26735, 26736, 26737
Circulaires préparées par la *Zentrale Stelle*

Dossiers généraux de la *Zentrale Stelle* de Ludwigsburg

1-3 Rapports d'activité

1-21 : Visiteurs à la *Zentrale Stelle* de Ludwigsburg (hormis les écoles)

1-23 Plainte contre un interrogatoire

1-122 : Travaux scientifiques

Travaux scientifiques – Westberg

Travaux scientifiques – Dougherty

Travaux scientifiques Donat

Travaux scientifiques - Israel Film Lanzmann

1-181 Gribouillages nationaux-socialistes à la *Zentrale Stelle*

3-11 Journée d'étude à Ludwigsburg sur « l'Opération Reinhard »

41-1 Instauration et compétence de la *Zentrale Stelle* – Volumes I et II

41-1 Instauration, compétence et dissolution de la *Zentrale Stelle* – Volume III

41-82 Institut de recherche de l'Université de Stuttgart

41-85 Conseil scientifique

41-86 *Förderverein Zentrale Stelle*

41-88 Le Dr. Rolf Königstein, pédagogue / Bureau externe du *Bundesarchiv* de Ludwigsburg

41-89 Projets de livre - 50 ans de *Zentrale Stelle*

41-90 25 ans d'existence de la *Zentrale Stelle* de Ludwigsburg - Volume spécial I

41-90 Les 30 ans d'existence de la *Zentrale Stelle* de Ludwigsburg - Volumes I et II

41-90 40 ans d'existence de la *Zentrale Stelle* de Ludwigsburg - Volumes I et II

41-90 Anniversaire des 50 ans d'activité

III-24 Correspondance avec T. Friedmann - Volume 1

III-24 Coopération avec l'Institut de Friedman à Haïfa

Autres catégories de sources

Correspondances par e-mail avec Peter et Andreas Zeug

Notes prises pendant l'entretien réalisé à Ludwigsburg, le 24 janvier 2011, avec Thomas Will, procureur et directeur-adjoint de la *Zentrale Stelle* de Ludwigsburg, au sujet du dossier administratif de Dietrich Zeug

Tableau récapitulatif

Archives consultées
au Bureau externe du *Bundesarchiv* et à la *Zentrale Stelle*
de Ludwigsburg.

	Bureau externe du *Bundesarchiv* de Ludwigsburg	***Zentrale Stelle* – Dossiers généraux**	**Archives privées**
Correspondances	8	163	14
Rapports	2	68	-
Procès-verbal de réunions	5	13	-
Notes rédigées pour les dossiers	-	27	-
Documents	3	38	-
Circulaires	31	-	-
Dossiers spécifiques	4	1	-
Description de projet	4	-	-
Communications et discours	1	6	-
Divers	-	-	1
TOTAL	58	316	15

Bibliographie

Brochhagen Ulrich, *Nach Nürnberg. Vergangenheitsbewältigung und Westintegration in der Ära Adenauer* (Après Nuremberg. Confrontation au passé et l'intégration à l'Ouest sous l'ère d'Adenauer), Hamburg, Junius, 1994, 469 p.

Cehreli Ayse Sila, Herrmann Tobias, « La *Zentrale Stelle* de Ludwigsburg, entre archives et mémoire » in *Vingtième Siècle. Revue d'histoire*, No 111, juillet-septembre 2011, pp. 159-169.

Cehreli Ayse Sila, « Bełżec. À la recherche des traces laissées par un centre de mise à mort » in *Revue d'histoire de la Shoah*, numéro 197, juillet-décembre 2012, pp. 263-282.

Cehreli Ayse Sila, « La *Zentrale Stelle* de Ludwigsburg et les historiens » in *Revue d'histoire de la Shoah*, numéro 197, juillet-décembre 2012, pp. 695-707.

Fleiter Rüdiger, « Die Ludwigsburger Zentrale Stelle und ihr politisches und gesellschaftliches Umfeld (La *Zentrale Stelle* de Ludwigsburg et son environnement politique et social) » in *Geschichte in Wissenschaft und Unterricht*, Année 53, 2002, pp. 32-50.

Frei Norbert, *Vergangenheitspolitik. Die Anfänge der Bundesrepublik und die NS-Vergangenheit* (Politique de la gestion du passé. Les débuts de la République fédérale et le passé national-socialiste), Munich, Beck, 1996, 464 p.

Greve Michael, *Der justitielle und rechtspolitische Umgang mit den NS-Gewaltverbrechen in den sechziger Jahren* (L'approche judiciaire et juridique-politique aux crimes nationaux-socialistes dans les années 60), Francfort-sur-Main, Peter Lang-Europäischer Verlag der Wissenschaften, 2001, 438 p.

Greve Michael, « Von Auschwitz nach Ludwigsburg. Zu den Ermittlungen der " Zentralen Stelle der Landesjustizverwaltungen zur Aufklärung nationalsozialistischer Gewaltverbrechen " in Ludwigsburg (D'Auschwitz à Ludwigsburg. Sur les enquêtes de " l'Office central des administrations de la Justice du *Land* pour l'élucidation des crimes nationaux-socialistes " à Ludwigsburg) » *in* Wojak Irmtrud, Meinl Susanne (dir.), *Im Labyrinth der Schuld. Täter, Opfer, Ankläger. Jahrbuch 2003 zur Geschichte und Wirkung des Holocaust* (Dans le labyrinthe de la culpabilité. Exécuteurs, victimes et accusateurs. Annales 2003 sur l'histoire et l'impact de l'Holocauste), Francfort-sur-Main et New York, Campus Verlag, 2003, pp. 41-63.

Havlik Jan, *Der Fürsprech. Dr. Wolfgang Haußmann : Liberaler Politiker in Baden-Würtemberg. Eine politische Biographie* (Le Plaidoyer. Dr. Wolfgang Haußmann : politique libéral au Bade-Wurtemberg. Une biographie politique), Thèse de doctorat préparée, sous la direction du professeur Franz Quarthal, au Département de l'histoire régionale de l'Institut historique de l'Université de Stuttgart, 2010, 259 p.

Henkys Reinhard, *Die nationalsozialistischen Gewaltverbrechen. Geschichte und Gericht* (Les crimes nationaux-socialistes. Histoire et tribunal), Stuttgart-Berlin, Kreuz Verlag, 2ème édition, 1965, 392 p.

De Mildt Dick W., *In the Name of the People : Perpetrators of Genocide in the Reflection of their Post-War Prosecution in West Germany : the " Euthanasia " and " Aktion Reinhard " Trial Cases*, La Haye & Londres, Martinus Nijhoff, 442 p.

Von Miquel Marc, *Ahnden oder amnestieren? Westdeutsche Justiz und Vergangenheitspolitik in den sechziger Jahren* (Punir ou amnistier ? La justice ouest-allemande et la politique de gestion du passé dans les années 60), Göttingen, Wallstein, 2004, 446 p.

Pauli Gerhard, « Die Zentrale Stelle der Landesjustizverwaltungen zur Verfolgung nationalsozialistischer Gewaltverbrechen in Ludwigsburg – Entstehung und Frühe Praxis (L'Office central des administrations de la Justice du *Land* pour la poursuite des crimes nationaux-socialistes à Ludwigsburg – Origine et première pratique) » in *Juristische Zeitgeschichte Nordrhein-Westfalen*, volume 9, 2001, pp. 45-62.

Pöschko Hans H., *Die Ermittler von Ludwigsburg. Deutschland und die Aufklärung nationalsozialistischer Verbrechen* (Les enquêteurs de Ludwigsburg. L'Allemagne et l'élucidation des crimes nationaux-socialistes), Berlin, Metropol Verlag, 2008, 192 p.

Rondholz Eberhard, « Die Ludwigsburger Zentrale Stelle zur Aufklärung nationalsozialistischer Verbrechen (L'office central de Ludwigsburg pour l'élucidation des crimes nationaux-socialistes) » in *Kritische Justiz,* No 2, 1987, pp. 207-213.

Rückerl Adalbert, *NS-Verbrechen vor Gericht. Versuch einer Vergangenheitsbewältigung* (Les crimes nationaux-socialistes devant le tribunal. Tentative d'une gestion de passé), Heidelberg, Müller, 1982, 343 p.

Schrimm Kurt, Riedel Joachim, « 50 Jahre *Zentrale Stelle* in Ludwigsburg. Ein Erfahrungsbericht über die letzten zweieinhalb Jahrzehnte (50 ans de *Zentrale Stelle* à Ludwigsburg. Un bilan de l'expérience sur les deux dernières décennies et demie) » in *Vierteljahrshefte für Zeitgeschichte,* Cahier 4, 2008, p. 525-555.

Sindelarova Lenka, *50 Jahre Zentrale Stelle und die Strafverfolgung von NS-Verbrechen in der Bundesrepublik* (50 ans de *Zentrale Stelle* et la poursuite pénale des crimes nationaux-socialistes dans la République fédérale), mémoire de fin d'étude rédigé sous la direction de Volker Zimmermann, à l'Université de Charles à Prague, Faculté des Sciences sociales, Chaire pour les études autrichiennes et allemandes, Prague, 2008, 80 p.

Streim Alfred, « Der Umgang mit der Vergangenheit am Bespiel der Zentralen Stelle der

Landesjustizverwaltungen zur Aufklärung nationalsozialistischer Verbrechen in Ludwigsburg (L'approche au passé à l'exemple de l'Office central des administrations de la justice du *Land* pour l'élucidation des crimes nationaux-socialistes à Ludwigsburg) » in Schnabel Thomas (dir.), *Formen des Widerstandes im Südwesten 1933-1945. Scheitern und Nachwirken* (Des formes de résistance dans le Sud-Ouest 1933-1945. L'échec et l'impact), Ulm, Süddeutsche Verlagsgesellschaft, 1994, pp. 320-333.

Streim Alfred, « Aufarbeitung der Vergangenheit 1945 und 1989 (Faire face au passé 1945 et 1989) » in *Die Politische Meinung*, No 295, juin 1994, pp. 23-34.

Weinke Annette, *Eine Gesellschaft ermittelt gegen sich selbst : die Geschichte der Zentralen Stelle Ludwigsburg 1958-2008* (Une société enquête contre soi-même : l'histoire de la *Zentrale Stelle* de Ludwigsburg 1958-2008), Darmstadt, WBG, 2008, 224 p.

FILM

Das Geheimnis der Orangenkisten (Le secret des caisses d'oranges), Jochen Faber, film documentaire, Allemagne, 2008, 90 minutes.

Table

L'histoire

aux éditions L'Harmattan

Dernières parutions

ESSAIS D'HISTOIRE GLOBALE
Sous la direction de Chloé Maurel ; Préface de Christophe Charle
L'histoire globale est une approche novatrice qui transcende les cloisonnements étatiques et les barrières temporelles et promeut un va-et-vient entre le local et le global. Développé depuis plusieurs années aux États-Unis, ce courant connaît un essor récent en France. Voici un tour d'horizon varié des travaux récents en histoire globale (concernant l'abolition de l'esclavage, l'histoire du livre et de l'édition, des revues et celle des organisations internationales).
(23.00 euros, 226 p.)
ISBN : 978-2-336-29213-7, ISBN EBOOK : 978-2-296-53077-5

VERS UN NOUVEL ARCHIVISTE NUMÉRIQUE
Ouvrage collectif coordonné par Valentine Frey et Matteo Treleani
La réinvention permanente apportée par le numérique suscite de nombreux débats. Notre rapport à la mémoire et à l'histoire, longtemps basé sur l'objet matériel et sa conservation physique, est à présent bouleversé. Les techniques ont beaucoup évolué, apportant de nouvelles problématiques, dans le domaine de l'informatique comme celui des sciences humaines. Quelles tensions entre technique et mémoire ? Comment se souvenir du passé à travers ses vestiges ? Que change le numérique ?
(Coll. Les médias en actes, 22.00 euros, 224 p.)
ISBN : 978-2-336-00174-6, ISBN EBOOK : 978-2-296-53103-1

MENSONGES (LES) DE L'HISTOIRE
Monteil Pierre
Chaque génération hérite des *a priori* et des idées reçues de la génération précédente. Ainsi, nombreux sont les mensonges de l'Histoire qui ont survécu jusqu'à nos jours. Nos ancêtres les Gaulois ? Napoléon était petit ? Au Moyen Age, les gens ne se lavaient pas ? Christophe Colomb a découvert l'Amérique ? Ce livre revient sur 80 poncifs considérés par beaucoup comme une réalité...
(Coll. Rue des écoles, 28.00 euros, 282 p.)
ISBN : 978-2-336-29074-4, ISBN EBOOK : 978-2-296-51351-8

FLAVIUS JOSÈPHE – Les ambitions d'un homme
Cohen-Matlofsky Claude
Quelles furent les ambitions cachées de Flavius Josèphe, historien Juif de l'Antiquité ? Il prône, à travers ses écrits, le retour à la monarchie de type hasmonéen, à savoir d'un roi-grand prêtre, comme réponse à tous les maux de la Judée. La question fondamentale est la suivante : comment les élites locales

ont-elles géré leurs relations avec la puissance romaine et quel rôle les membres de l'élite ont-ils assigné à leurs traditions et constitution politique dans cet environnement d'acculturation ?
(Coll. Historiques, série Travaux, 15.50 euros, 152 p.)
ISBN : 978-2-336-00528-7, ISBN EBOOK : 978-2-296-51387-7

MER (LA), SES VALEURS
Groupe «Mer et valeurs» Sous la direction de Chantal Reynier – Préface de Francis Vallat
La mer, plus que jamais, est la chance des hommes et la clef de leur avenir. Elle leur apprend la responsabilité, suscite l'esprit d'initiative, mais elle oblige tout autant à rester humble devant ses forces naturelles. Le groupe de réflexion «Mer et Valeurs», réunissant navigants et universitaires, examine l'influence de ces valeurs rapportées à toutes les activités humaines. Des références historiques et géographiques illustrent le développement intellectuel et économique des pays qui se sont tournés vers la mer.
(21.00 euros, 188 p.)
ISBN : 978-2-336-00836-3, ISBN EBOOK : 978-2-296-51412-6

MÉTAMORPHOSES RURALES
Philippe Schar : itinéraire géographique de 1984 à 2010
Sous la direction de Dominique Soulancé et Frédéric Bourdier
Philippe Schar était convaincu que la géographie ne saurait exister sans la dimension du temps et la profondeur de l'histoire, seules capables de mettre pleinement en lumière le présent et de le restituer dans toutes ses dimensions. On retrouve en filigrane dans ses recherches concises et pointues la volonté de replacer les opérations de développement à l'interface des logiques promues par les décideurs d'un côté et par les populations de l'autre. Cet ouvrage présente une sélection de ses écrits.
(33.00 euros, 320 p.)
ISBN : 978-2-296-99748-6, ISBN EBOOK : 978-2-296-51501-7

POUVOIR DU MAL
Les méchants dans l'histoire
Tulard Jean
L'Histoire n'est pas une magnifique suite d'actions héroïques et de gestes admirables. Sans le Mal pas d'Histoire. Et il faut l'avouer, les méchants sont les personnages les plus fascinants de la saga des peuples. En voici treize, présentés à travers des dramatiques interprétées jadis sur les ondes. Treize portraits où l'on retrouve méchants célèbres comme Néron ou Beria et héros insolites comme Olivier Le Daim ou le prince de Palagonia. Ils illustrent le pouvoir du Mal.
(Coédition SPM, 25.00 euros, 270 p.)
ISBN : 978-2-917232-01-9, ISBN EBOOK : 978-2-296-51010-4

VIES (LES) DE 12 FEMMES D'EMPEREUR ROMAIN
Devoirs, intrigues et voluptés
Minaud Gérard
Grâce à un méticuleux travail de recherche se redéploie ce que furent les vies de 12 femmes d'empereur et leur influence, non seulement sur leur mari mais aussi sur

le destin de Rome. Les pires informations se mêlent. Un amour maternel allant jusqu'à l'inceste, un amour conjugal virant au meurtre, un amour du pouvoir justifiant tout. D'un autre côté, un sens du devoir exceptionnel, une habileté politique remarquable, un goût du savoir insatiable.
(34.00 euros, 332 p.)
ISBN : 978-2-336-00291-0, ISBN EBOOK : 978-2-296-50711-1

MONDE (LE) DES MORTS
Espaces et paysages de l'Au-delà dans l'imaginaire grec d'Homère à la fin du Ve siècle avant J.-C.
Cousin Catherine
Ce livre propose d'étudier l'évolution des conceptions que les Grecs ont pu se former des espaces et des paysages de l'au-delà, jusqu'à la fin du Ve siècle avant J.-C. Monde invisible, interdit aux vivants, mais sans cesse présent à leur esprit, les Enfers relèvent pleinement de l'imaginaire. Une comparaison entre productions littéraires et iconographiques enrichit cette étude et laisse entrevoir l'image mentale que les Grecs se forgeaient du paysage infernal.
(Coll. Kubaba, série Antiquité, 39.00 euros, 402 p.)
ISBN : 978-2-296-96307-8, ISBN EBOOK : 978-2-296-50624-4

CORPS ET ÂMES DU MAZDÉEN
Le lexique zoroastrien de l'eschatologie individuelle
Pirart Eric
Selon les conceptions mazdéennes, l'individu posséderait plusieurs types d'âmes. Est-ce vrai ? Et qu'advient-il de telles âmes au-delà de la mort ? De quel sexe sont-elles ? Et le corps ? Pour répondre à de telles questions, Éric Pirart analyse les textes zoroastriens des diverses époques anciennes ou médiévales et y décrypte le lexique de l'eschatologie individuelle.
(Coll. Kubaba, 29.00 euros, 294 p.)
ISBN : 978-2-296-99286-3, ISBN EBOOK : 978-2-296-50580-3

3000 ANS DE RÉVOLUTION AGRICOLE
Techniques et pratiques agricoles de l'Antiquité à la fin du XIXe siècle
Vanderpooten Michel
De la Grèce et la Rome antiques à l'Andalousie arabe, des campagnes gauloises à la France des Lumières et de la Révolution industrielle du XIXe siècle, l'évolution des connaissances et des pratiques agricoles est ici retracée à travers l'étude de près de 4000 documents. Les étapes de la production agricole, à différentes époques, sont étudiées, ainsi que l'entrée de l'agriculture dans l'ère de la chimie et du machinisme.
(Coll. Historiques, série Travaux, 34.00 euros, 332 p.)
ISBN : 978-2-296-96444-0, ISBN EBOOK : 978-2-296-50329-8

ANTIQUITÉ (L') MODERNE
Wright Donald
Ce livre étudie le regard que l'homme de la Belle Époque porte sur l'Antiquité. Il analyse la modernité de la Troisième République et ce que celle-ci doit à une interprétation systématique et scientifique des apports grecs et romains. Au travers

des textes littéraires et scientifiques ainsi que de nombreux documents ensevelis puis retrouvés dans les archives françaises, ce livre est une étude sociologique d'une époque moderne par excellence qui se veut «classique».
(Coll. Historiques, série Travaux, 27.00 euros, 274 p.)
ISBN : 978-2-296-99168-2, ISBN EBOOK : 978-2-296-50407-3

GRANDEUR ET SERVITUDE COLONIALES
Sarraut Albert - Texte présenté par Nicola Cooper
Albert Sarraut fut l'un des maîtres-penseurs du colonialisme de la période de l'entre-deux-guerres. Cet ouvrage de 1931 est l'un des meilleurs exemples de la justification du colonialisme français : il touche à tous les impératifs coloniaux de la France, du tournant du siècle aux débuts de la décolonisation. C'est essentiellement Sarraut qui façonna le langage avec lequel les Français parlaient de leur empire colonial.
(Coll. Autrement mêmes, 24.00 euros, 200 p.)
ISBN : 978-2-296-99409-6, ISBN EBOOK : 978-2-296-50121-8

HOMO SAPIENS (L') ET LE NEANDERTAL SE SONT-ILS PARLÉ EN RAMAKUSHI IL Y A 100000 ANS ?
Paléontologie génétique et archéologie linguistique
Diagne Pathé
Cet ouvrage présente les découvertes qui permettent pour la première fois d'éclairer de manière factuelle la révolution culturelle et linguistique, qui a planétarisé avec l'avènement de la parole de Sapiens, voire de Néandertal, le monothéisme et les cultes bachiques de bonne fortune et de fécondité, à partir de 300000 et 200000 ans av. J.-C. Les faits qui rendent compte de manière précise de cette révolution sont portés par le ramakushi et son vocabulaire comme langage datable matériellement entre 8000 et 10000 ans av. J.-C.
(Editions Sankoré, 14.50 euros, 138 p.)
ISBN : 978-2-296-99334-1, ISBN EBOOK : 978-2-296-50189-8

HISTOIRE DES PEUPLES RÉSILIENTS (Tome 1)
Traumatisme et cohésion VIe-XVIe siècle
Benoit Georges
Ce livre revient sur l'histoire de communautés éparses qui, surmontant le traumatisme de leur naissance improbable, firent preuve de résilience collective. Histoire particulière, marginale, de rescapés et de fuyards qui se prirent en charge pour se sauver, trouvant en eux-mêmes, dans leur cohésion intime, cette énergie qui les hissa au-dessus de l'ordinaire. Histoire de petites sociétés horizontales qui, vivant en périphérie du continent européen, irradièrent au loin jusqu'à se poster en économies-monde, quand la société médiévale, toute pétrie de verticalité hiérarchique, clouait la population au sol.
(Coll. Historiques, série Essais, 23.00 euros, 222 p.)
ISBN : 978-2-296-99201-6, ISBN EBOOK : 978-2-296-50168-3

L'HARMATTAN ITALIA
Via Degli Artisti 15; 10124 Torino

L'HARMATTAN HONGRIE
Könyvesbolt ; Kossuth L. u. 14-16
1053 Budapest

L'HARMATTAN KINSHASA
185, avenue Nyangwe
Commune de Lingwala
Kinshasa, R.D. Congo
(00243) 998697603 ou (00243) 999229662

L'HARMATTAN CONGO
67, av. E. P. Lumumba
Bât. – Congo Pharmacie (Bib. Nat.)
BP2874 Brazzaville
harmattan.congo@yahoo.fr

L'HARMATTAN GUINÉE
Almamya Rue KA 028, en face du restaurant Le Cèdre
OKB agency BP 3470 Conakry
(00224) 60 20 85 08
harmattanguinee@yahoo.fr

L'HARMATTAN CAMEROUN
BP 11486
Face à la SNI, immeuble Don Bosco
Yaoundé
(00237) 99 76 61 66
harmattancam@yahoo.fr

L'HARMATTAN CÔTE D'IVOIRE
Résidence Karl / cité des arts
Abidjan-Cocody 03 BP 1588 Abidjan 03
(00225) 05 77 87 31
etien_nda@yahoo.fr

L'HARMATTAN MAURITANIE
Espace El Kettab du livre francophone
N° 472 avenue du Palais des Congrès
BP 316 Nouakchott
(00222) 63 25 980

L'HARMATTAN SÉNÉGAL
« Villa Rose », rue de Diourbel X G, Point E
BP 45034 Dakar FANN
(00221) 33 825 98 58 / 77 242 25 08
senharmattan@gmail.com

L'HARMATTAN BÉNIN
ISOR-BENIN
01 BP 359 COTONOU-RP
Quartier Gbèdjromèdé,
Rue Agbélenco, Lot 1247 I
Tél : 00 229 21 32 53 79
christian_dablaka123@yahoo.fr

Achevé d'imprimer par Corlet Numérique - 14110 Condé-sur-Noireau
N° d'Imprimeur : 110438 - Dépôt légal : août 2014 - *Imprimé en France*